Let's enjoy crochet stitch!

やさしくわかる
かぎ針編みの基本

おのゆうこ　監修

西東社

＊かぎ針と毛糸があれば…＊

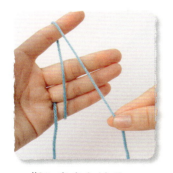
指に糸をかけて…

針に糸をかけて…

あみあみ…

モチーフ同士をつないで…

いろんな作品が作れます！

さあ！ かぎ針編みをはじめてみましょう！

CONTENTS 『やさしくわかる かぎ針編みの基本』

かぎ針と毛糸があれば… ･･ 2

Lesson 1 かぎ針編みをはじめよう

かぎ針編みに必要な道具 ･･･････････ 10
毛糸について知ろう ･･･････････････ 12
針について知ろう ･･･････････････････ 14
針と糸を持ってみよう ････････････････ 16
編み進め方 ･･･････････････････････････ 18
知っておきたい編みもの用語 ････････ 20
編み方ページの読み方 ･･･････････････ 21
編み図の読み方 ･････････････････････ 22

【作品を編んで基礎を学ぼう】 ･･ 24

Lesson作品① スクエアコースター ･･ 24
- つくり目 ･･･ 26
- ポイント かんたん編みはじめ5ステップ／正しい糸のかけ方 ･･････････････ 27
- 1段め ･･･ 28
- ポイント 正しい糸の向き／鎖目の拾い方は3種類 ････････････････････････ 29
- 2段め ･･･ 30
- 3段め〜最終段 ･･･ 31
- Step up 「間違えた」「やり直したい」ときのリカバリー方法 ･･････････････ 31
- ループ／糸端の始末 ･･･ 32
- Step up とじ針に糸を通すコツ／ Q&A 「糸端が短くて始末ができなくなっちゃった…!?」 ･･ 33

Lesson作品②エコたわし ･･ 34
- 輪のつくり目 ･･･ 36
- ポイント 指に糸を巻いてつくる「輪のつくり目」／ Step up もっとシンプルな「輪のつくり目」の方法 ･･ 37
- 1段め ･･･ 38
- ポイント 輪のつくり目で目を数える！ ･････････････････････････････････ 38
- つくり目の引き締め ･･･ 39
- 2段め ･･･ 40
- ポイント 「円編み」の編み終わりのNG ････････････････････････････････ 41
- 3段め ･･･ 42
- 4段め ･･･ 44
- Q&A 「立ち上がりの目に1目めを編むときと編まないときの違いは？」 ･･ 45
- 5段め ･･･ 46
- ポイント 「目に編み入れる」と「束に編む」の違い ･･････････････････････ 47
- 6段め ･･･ 48
- 糸端の始末 ･･･ 49
- ポイント 糸の始末。表にひびかないように針を入れるには？ ･･･････････ 49
- つまずきポイント いつのまにか「増えた！」「減った！」トラブル解決法 ･･ 50

Lesson 2 編み目記号事典

基本の編み目

- 鎖編み ・・・・・・・・・・・・・・・・・・・・・・・・・ 52
  - Q&A 「目の数え方がわかりません…」・・・・・・ 53
  - ポイント つくり目の手加減 ・・・・・・・・・・・・ 53
- 細編み ・・・・・・・・・・・・・・・・・・・・・・・・・ 54
- 引き抜き編み ・・・・・・・・・・・・・・・・・・・・ 56
  - 円編みの引き抜き編み（細編みの場合）・・・・・・ 57
  - ポイント 2段階で引き抜くときれい！・・・・・・ 57
- 中長編み ・・・・・・・・・・・・・・・・・・・・・・・ 58
  - Q&A 「台の目ってなに？」・・・・・・・・・・・・ 58
- 長編み ・・・・・・・・・・・・・・・・・・・・・・・・・ 60
- 長々編み ・・・・・・・・・・・・・・・・・・・・・・・ 62
- 三つ巻き長編み ・・・・・・・・・・・・・・・・・・ 64
  - ポイント 編み目によって違う1目の高さ ・・・・・ 65

増し目

- 細編み2目編み入れる ・・・・・・・・・・・・・・ 66
- 細編み3目編み入れる ・・・・・・・・・・・・・・ 66
  - ポイント 増し目の場所を変えると形が変わる ・・ 67
  - Step up 「増し目」+「増減なし」で編むと立体的に ・・ 67
- 中長編み2目編み入れる・・・・・・・・・・・・・ 68
- 中長編み3目編み入れる・・・・・・・・・・・・・ 69
- 長編み2目編み入れる ・・・・・・・・・・・・・・ 70
- 長編み3目編み入れる ・・・・・・・・・・・・・・ 71
- 長編み5目編み入れる ・・・・・・・・・・・・・・ 72

減らし目

- 細編み2目一度 ・・・・・・・・・・・・・・・・・・・ 74
- 細編み3目一度 ・・・・・・・・・・・・・・・・・・・ 75
  - Q&A 「未完成の編み目ってなに？」・・・・・・ 75
- 中長編み2目一度 ・・・・・・・・・・・・・・・・・ 76
- 中長編み3目一度 ・・・・・・・・・・・・・・・・・ 77
- 長編み2目一度 ・・・・・・・・・・・・・・・・・・・ 78
- 長編み3目一度 ・・・・・・・・・・・・・・・・・・・ 79
  - Step up 端で多くの目を減らす方法・・・・・・・・ 80

基本の編み目アレンジ

- バック細編み ・・・・・・・・・・・・・・・・・・・・ 81
- 変わりバック細編み ・・・・・・・・・・・・・・・ 82
- 細編みのうね編み ・・・・・・・・・・・・・・・・・ 84
  - Step up うね編みとすじ編みの違い・・・・・・・・ 85
- 細編みのすじ編み（平編み）・・・・・・・・・・・・ 86
- 細編みのすじ編み（輪編み）・・・・・・・・・・・・ 87

玉編み

- 中長編み3目の玉編み ・・・・・・・・・・・・・・ 88
- 長編み3目の玉編み ・・・・・・・・・・・・・・・・ 90
- 長編み5目の玉編み ・・・・・・・・・・・・・・・・ 91
- 変わり中長編み3目の玉編み ・・・・・・・・・・ 92
- 長編み2目の玉編み2目一度 ・・・・・・・・・・ 93

パプコーン編み

- 中長編み5目のパプコーン編み ・・・・・・・ 94
- 長編み5目のパプコーン編み ・・・・・・・・ 95
  - つまずきポイント 玉編みとパプコーンの違い ・・・・・・・ 96

引きあげ編み

- 細編みの表引きあげ編み ・・・・・・・・・・ 97
- 細編みの裏引きあげ編み ・・・・・・・・・・ 98
  - Step up 立体的な編み目を作れる引きあげ編み ・・ 99
- 中長編みの表引きあげ編み ・・・・・・・・・ 100
- 中長編みの裏引きあげ編み ・・・・・・・・・ 100
- 長編みの表引きあげ編み ・・・・・・・・・・ 101
- 長編みの裏引きあげ編み ・・・・・・・・・・ 101

交差編み

- 中長編み1目交差 ・・・・・・・・・・・・・・ 102
- 長編み1目交差 ・・・・・・・・・・・・・・・ 102
- 長編み1目と2目の交差 ・・・・・・・・・・・ 103
- 長編み2目と1目の交差 ・・・・・・・・・・・ 103
- 変わり長編み左上1目交差 ・・・・・・・・・ 104
- 変わり長編み右上1目交差 ・・・・・・・・・ 104
  - Q&A 「交差編みと変わり交差編みってどう違うの?」 ・・ 105

クロス編み

- 長編みのクロス編み ・・・・・・・・・・・・ 106

Y字編み

- Y字編み ・・・・・・・・・・・・・・・・・・ 107
- 逆Y字編み ・・・・・・・・・・・・・・・・・ 107

ピコット

- 鎖3目のピコット(細編みに編む) ・・・・・・・ 108
- 鎖3目の引き抜きピコット(細編みに編む) ・・・ 108
- 鎖3目の引き抜きピコット(鎖編みに編む) ・・・ 109

飾り編み

- 中長編み玉編みの飾り編み ・・・・・・・・・ 110
- 長編みの飾り編み ・・・・・・・・・・・・・ 111
- 細編みのリング編み ・・・・・・・・・・・・ 112
- 長編みのリング編み ・・・・・・・・・・・・ 113
- 七宝編み ・・・・・・・・・・・・・・・・・・ 114

プラスαの編み方

- ビーズを編み入れる ・・・・・・・・・・・・ 116
- ネット編み ・・・・・・・・・・・・・・・・・ 118
- 方眼編み ・・・・・・・・・・・・・・・・・・ 119
- 引き抜きコード編み ・・・・・・・・・・・・ 120
- 鎖と長編みのコード編み ・・・・・・・・・・ 121
- スレッドコード編み ・・・・・・・・・・・・ 121
- 細編みのボタンホール ・・・・・・・・・・・ 122
- 細編みのボタンループ ・・・・・・・・・・・ 123
- 引き抜き編みのボタンループ ・・・・・・・・ 124
- とじ針のボタンループ ・・・・・・・・・・・ 125
- ポンポン／タッセル／フリンジ ・・・・・・・ 126

Lesson 3 テクニック徹底解説

はぎ方

引き抜きはぎ …………………… 128

鎖の引き抜きはぎ ……………… 129

巻きかがりはぎ ………………… 130

ポイント 目をつなぐ「はぎ」・段をつなぐ「とじ」‥ 130

とじ方

引き抜きとじ …………………… 131

細編みの鎖とじ ………………… 132

引き抜きの鎖とじ ……………… 133

ポイント 「目の頭を拾う」がポイント！…… 133

巻きかがりとじ ………………… 134

返しぬいとじ …………………… 135

モチーフのつなぎ方1

編みながら引き抜き編みでつなぐ ………… 136

編みながら細編みでつなぐ …………… 138

モチーフのつなぎ方2

半目引き抜き編みでつなぐ …………… 139

半目巻きかがりでつなぐ ……………… 140

全目巻きかがりでつなぐ ……………… 141

目の拾い方

目から拾うとき ………………… 142

Q&A 「角を拾うときはどうするの？」 …… 142

段から拾う(細編み)／段から拾う(長編み) ……… 143

ポイント すき間があいているときの拾い方 ‥ 143

縁編み

ピコットの縁編み ……………… 144

長編み5目編み入れる縁編み …………… 145

模様編み

編み込み模様(市松模様) ……………… 146

ボーダー模様(奇数段で色を替える) ……… 148

糸の始末 …………………………… 150

最終段の糸始末 …………………… 150

糸の替え方・つけ方

糸の替え方 ……………………… 151

糸のつけ方 ……………………… 151

パーツのとじつけ方 …………………… 152

ブローチピンのつけ方 ………………… 152

リングの編みくるみ方 ………………… 153

アイロンでの仕上げ …………………… 154

編んだ作品の洗濯方法 ………………… 154

Lesson 4 作品を編んでみよう

お花のブローチ&ヘアピン ……………………… 156

バスケットカバー ……………………… 160

シュシュ ……………………… 164

玉編みのベレー帽 ……………………… 168

モチーフつなぎのショール ……………………… 172

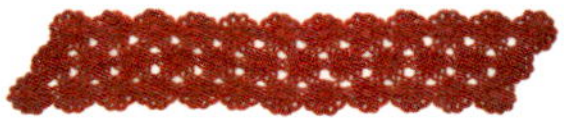

麻ひものミニバッグ ……………………… 177

巻末特集

かんたんゲージ講座 ……………… 182
お悩み解決！Q&A ……………… 184
さくいん ……………… 190

Lesson1

かぎ針編みをはじめよう

毛糸とかぎ針をそろえたけれど
いったい何からはじめればいいかわからない。
そんな人は、まずはこの章から見ていきましょう。
かぎ針編みに慣れるための
ヒントがたくさん掲載されています。

かぎ針編みに必要な道具

Lesson 1 かぎ針編みに必要な道具

かぎ針編みを、より便利に、より楽しく、そして作品をよりきれいに仕上げてくれる道具を紹介します。基本的なものをそろえたら、自分にとって使いやすいものを見つけましょう。

かぎ針

かぎ針
かぎ針は2/0〜10/0号があり、数字が大きくなるほど太くなります（→P14）。

グリップ付き両かぎ針
すべりにくいグリップ付きは、長時間使用する人や初心者におすすめ。また両端に号数の異なるかぎがついているタイプのものもあります。

ジャンボかぎ針
かぎ針よりもさらに太く、7mm、8mm、10mmなど太さはmmで表示されます。

レース針
細いレース糸を編むかぎ針をレース針といいます。0、2、4、6、8号などがあり、数字が大きくなるほど細くなります。

はさみ

手芸用のよく切れるはさみを使いましょう。

とじ針

縫いもの用の針と比べて針先がまるくなっていて、毛糸が引っかかりにくくなっています。

Lesson 1 かぎ針編みに必要な道具

まち針

編み地を留めるときや、アイロンがけをするときに使用します。

メジャー

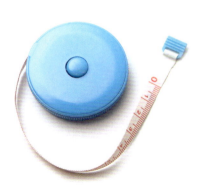

糸の長さや作品のサイズを測るとき、ゲージ（→P182）をとるときなどに使用します。

アイロン

作品が仕上がったときに、蒸気で編み目や形を整えます。スチームがついているものを使います。

アイロン用仕上げピン　*あると便利*

アイロンをかけるときに、編み地をアイロン台に固定するために使います。まち針よりも編み地を固定しやすいです。

段目リング　*あると便利*

段数がわからなくならないように、編み目に引っかけて目印として使います。なければ糸の切れ端を結んだりクリップなどでも代用できます。

Lesson 1

毛糸について知ろう

作品のイメージを左右する毛糸。手芸店に行くと、さまざまな太さや素材のものがそろっています。ここではかぎ針編みをはじめる前に知っておきたい基本的な毛糸の種類を紹介します。

糸の太さと針の目安

実物大

極細 2/0号の針を使用する毛糸。2本どりで使用することも。

中細 3/0～4/0号の針を使用する毛糸です。

合太 4/0～5/0号の針を使用する毛糸です。薄手の作品に使用することが多いです。

並太 5/0～7/0号の針を使用する毛糸です。もっとも基本的な太さなので手に入りやすく、編みやすいので初心者におすすめ。

極太 7.5/0～10/0号の針を使用する毛糸。太くて扱いやすい毛糸です。

超極太 10/0号以上の太い針を使用する毛糸。素朴でざっくりとした編み目になります。

毛糸の種類

ウール
繊維に空気を多く含むため冬は暖かい。型くずれやシワも蒸気をあてると戻りやすい。

ジュート糸
インド麻＝ジュートを原料とした糸。ナチュラルな風合いと毛羽立ちが特徴で、インテリア作品やカジュアルな小物に。

アクリル
ウールよりも細い繊維が絡み合い保温効果が高い。汚れを吸着するためアクリルたわしとしても利用される。

コットン
さらりとした肌触りで洗濯もしやすい。編みやすく小物やウエアにも適している。

モヘア
毛足の長い柔らかな毛を使用した糸。ふんわりとした作品づくりに。

モール風
表面に光沢加工が施され、しっとりとした手触りが特徴。

ループヤーン
糸の表面にループを出すように加工した糸。編み地に厚みが出て、軽くて暖かい仕上がりに。

ネップ入り
小さな繊維のかたまり（ネップ）を入れ込んだ糸。不規則にネップが出るので、個性的に仕上がる。

ラメ入り
角度によって繊細にきらめくラメが入っている。バッグやアクセサリーなどのフォーマルな作品にもぴったり。

ラベルの見方

- 毛糸の品質を表しています。ウール、アクリルなど。
- ロットとは染色する際の釜のこと。同じ色番号でもロットが違うと色が微妙に異なることがあるので、購入するときはそろえましょう。
- 毛糸の色を示す色番号が書かれています。
- 糸の重さと全長が記されています。つくりたい作品のレシピを見て、少し多めに用意するとよいでしょう。
- 洗濯方法が記されています。できあがった作品をどのように洗濯するとよいのかチェックしておきましょう。
- 適した針の太さが記されています。
- 適した針の太さで編んだ場合、10×10cmに入る目数と段数が記されています（ゲージについて→P182）。

> 買い足しなどの可能性があるため、ラベルはすぐに捨てず、取っておきましょう。

Lesson 1　毛糸について知ろう

針について知ろう

作品を作る際には、毛糸の太さに合った、適切な針のサイズを選びましょう。

かぎ針の種類

※ここで紹介するかぎ針の太さと糸の組み合わせはあくまで目安です。メーカーや商品によって異なりますので、毛糸についているラベルを参照してください。

号数	かぎ針 (実物大)		糸 (実物大)
2/0		↕ 極細	
3/0		↕ 中細	
4/0		↕ 合太	
5/0			
6/0		↕ 並太	
7/0			
7.5/0			
8/0		↕ 極太	
9/0			
10/0		↕ 超極太	

【レース針】

レース糸をはじめとする細い糸を編むときに使用する針です。繊細な作品に仕上がります。

号数	レース針 (実物大)
8	
6	
4	
2	
0	

【ジャンボかぎ針】

超極太の糸を編むときに使用する針です。ざっくりとした、素朴な作品に仕上がります。

号数	ジャンボかぎ針 (実物大)
7mm	
8mm	
10mm	
12mm	
15mm	

糸と針によってモチーフの大きさが変わる

同じ編み図を用いて異なる太さの糸とかぎ針で編んだ花のモチーフを比べてみましょう。糸の素材によっても、ずいぶん印象が変わることがわかります。

編み図

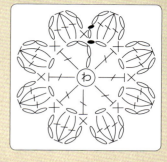

Lesson 1 針について知ろう

極太 × 2/0 号針

極太 × 10/0 号針

中細 × 3/0 号針

並太 × 6/0 号針

極太 × 8/0 号針

超極太 × ジャンボ針8mm

合太 × 4/0 号針

Lesson 1

針と糸を持ってみよう

まずは糸の扱い方を学びましょう。毛糸は基本的に、真ん中から引き出して使用します。レース糸など堅い芯に巻かれているものは外側から使います。

糸を出してみよう

糸玉の中心から糸端を探し、引き出します。

こんなタイプも

中央に入っている紙をねじって出すタイプもあります。

ポイント
糸端が見つからないときは……

1. 糸玉の中心からごっそりと糸を出します。

2. 出した糸の中から糸端を探します。

3. このままではからまってしまうので、親指と小指に8の字になるように糸をかけていきます。

4. ある程度の束になったら、クロスする部分を持って、指から外します。

5. クロス部分に糸玉の方の糸をゆるく巻きつけて、まとめます。

6. 編みはじめるときは、糸端から使用します。

糸のかけ方と針の持ち方

【糸のかけ方】

すべりやすいときは糸端を小指に1周糸をかける

1. 糸端を10cmくらい残して、手の甲側から薬指と小指の間に糸を挟みます。

2. 人さし指に糸をかけます。

人さし指は開きすぎない
糸はピンと張る

3. 親指と中指で糸を挟みます。

【針の持ち方】

針先のかぎが常に下になるように、親指と人さし指でかぎ針を挟んで軽く持ち、中指をそっと添えます。力を入れすぎないように注意。

【基本の姿勢】

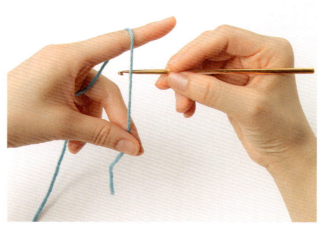

腕や肩の力を抜いて、胸のあたりで楽に構えます。自分の一番疲れない姿勢を見つけましょう。

Lesson 1 針と糸を持ってみよう

編み進め方

Lesson 1 編み進め方

かぎ針の編み進め方には、往復編みで四角く編む「平編み」、丸く外側に広げながら編む「円編み」、筒状に積み重ねるように編む「輪編み」があります。それぞれの特徴を紹介します。

平編み

こんな作品に！

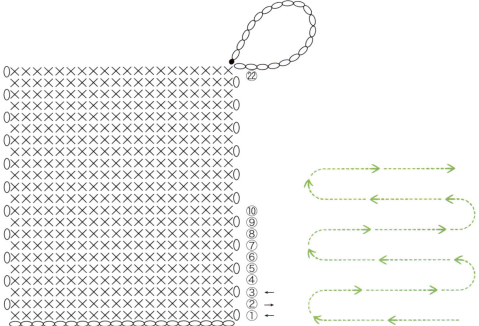

往復編みともいわれ、表→裏→表→裏と1段ごとに裏返しながら編みます。基本的には奇数段は表側を見ながら、偶数段は裏側を見ながら編み、編み地は下から上へと編み進めます。編み図は表から見た記号で書いてあるので、見方に注意が必要です。

18

円編み

こんな作品に！

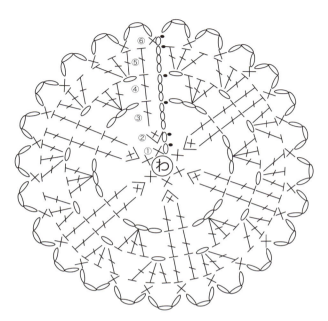

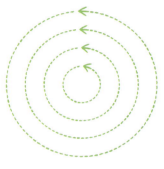

中心のつくり目から丸く広げるように編み進めます。基本的には表を見ながら左回りに編みます。

輪編み

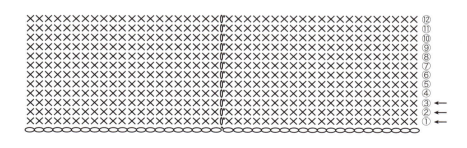

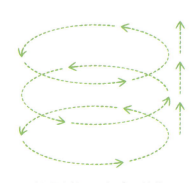

つくり目を輪につなげて、筒状に下から上へと編み進めます。基本的には表を見ながら編みます。

知っておきたい編みもの用語

編みものの本を開くと、次々と登場する用語たち。"これだけは知っておきたい"基本的な用語をここで学びましょう。

目の頭
編み目の一番上にある部分で、鎖の目のようになっています。2段め以降を編むときは、この頭の鎖2本を拾うことがほとんどです。

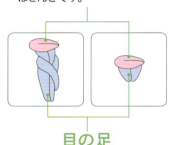

目の足
目の頭以外の部分のことです。

目の数え方
目は鎖編み以外は「頭」と「足」の1セットで1目と数えます。1目の形は編み方によって違うので、覚えてしまえば簡単に数えられます。

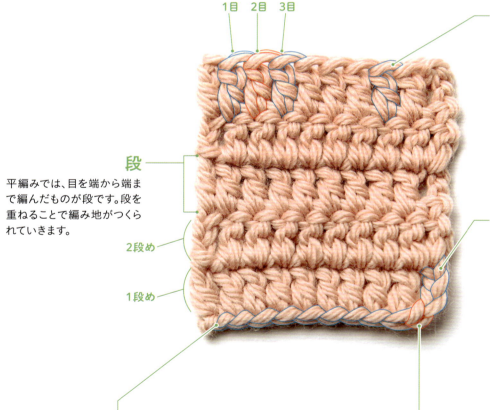

目
かぎ針に糸をかけて引き抜くとできるのが「目」。細編み、長編みなど編み方はそれぞれ違いますが、頭と足からできています。

段
平編みでは、目を端から端まで編んだものが段です。段を重ねることで編み地がつくられていきます。

立ち上がり
かぎ針の編み目にはそれぞれ決まった目の高さがあり、新しい段を編むときは、鎖編みを編んで高さをそろえてから編みはじめます。何目編むかは編み目の種類によります（→P65）。

つくり目
つくり目は編み地の土台になる目のことで、鎖編みで編みます。1段めには数えません。

台の目
立ち上がりの目の土台となるつくり目のことを台の目といいます。

編み方ページの読み方

編み方ページには、その作品を編むための全ての情報が凝縮されています。使用する糸や針の大きさ、編み方や編み図など、必ず確認してから編みはじめるようにしましょう。

Lesson 1 編み方ページの読み方

編み方ページの見方

※編み方ページはこの本をサンプルにしています。本によって書き方が異なります。

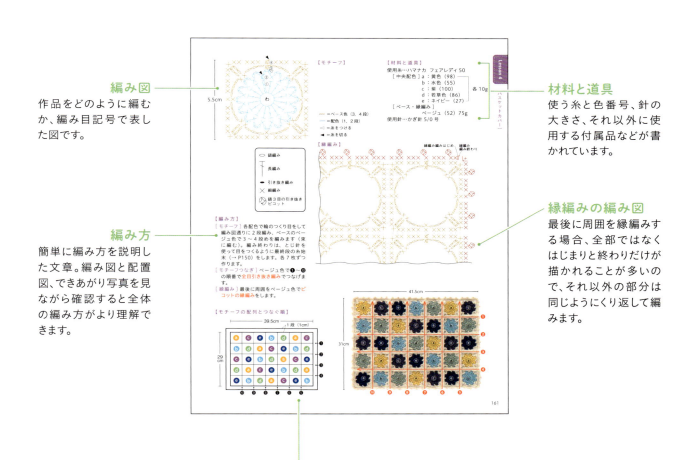

編み図
作品をどのように編むか、編み目記号で表した図です。

編み方
簡単に編み方を説明した文章。編み図と配置図、できあがり写真を見ながら確認すると全体の編み方がより理解できます。

材料と道具
使う糸と色番号、針の大きさ、それ以外に使用する付属品などが書かれています。

縁編みの編み図
最後に周囲を縁編みする場合、全部ではなくはじまりと終わりだけが描かれることが多いので、それ以外の部分は同じようにくり返して編みます。

配置図とできあがりサイズ
パーツをつなぐ際の組み合わせ方を表した図で、多くの場合イラストで書かれます。できあがりサイズも表記されます。

Lesson 1 編み図の読み方

編み図は、「どう編むか」を記号にした編み目記号から成る編みものの設計図。編み図には、どんな編み方でどう編み進めていくかなど、たくさんの情報が詰まっています。編み図を見ただけで、必要な情報が読み取れるようにしましょう。

編み図とは

ぴったり！

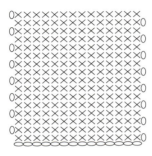
さまざまな編み方を表した「編み目記号」が連続して描かれ、どう編むかを表した「編み図」。

左の編み図にしたがって、かぎ針と糸を使って編んだ「編み地」です。

編み図に描かれた記号通りに編むと、編み地にぴったりと重なります。

編み図の読み方

【平面の編み図】
例：P24「コースター」

[6] 最後に鎖編みでループを編み、引き抜き編みで本体に固定します。

[5] ③、④を繰り返しながら、22段めまで編みます。

[4] 立ち上がりの1目を編んだら裏返して2段めを細編みで編みます。

[1] 編みはじめ

[2] つくり目は鎖編み（編み目記号：○）で20目編みます。

[3] 立ち上がりの鎖編み1目を編んで、細編み（編み目記号：×）で1段めを20目編みます。

編み目記号

○	×	●
鎖編み	細編み	引き抜き編み

【立体の編み図】
例：P177「ミニバッグ」

□ =編み込み模様の場合、白で編む
◁ =糸をつける
◀ =糸を切る

脇

6 本体が編めたら持ち手部分、袋の口部分に縁編みを編みます。

5 20段めは、8目め～27目めだけ鎖編みを編み、持ち手部分をつくります。21～22段めは細編みを編んで持ち手部分をつくります。

持ち手の鎖20目

縁編み編み終わり
縁編み編み始め
縁編み編み始め
縁編み編み終わり

脇

すべての目の記号が描かれるわけではなく、省略されることも多い。

4 4段め以降は目を増やさずに細編みを編んで筒状にしていきます。すべて編み地の表を見ながら編みます。

1 編みはじめ

つくり目鎖22目

2 つくり目は鎖編み（編み目記号：○）で22目編みます。

3 立ち上がりの鎖編み1目を編んだら、細編み（編み目記号：×）を編みます。つくり目の両端で目を増やしながら3段めまで編みます。周囲が合計58目になります。

編み目記号

鎖編み

細編み

引き抜き編み

細編み2目編み入れる

細編み2目一度

Lesson 1 編み図の読み方

Lesson 1 作品を編んで基礎を学ぼう

プロセスを見ながら最後まで編めば、つくり目から1段めの拾い方、細編みの編み方やループのつけ方まで、かぎ針に必要なテクニックが学べます。編み方の基本を一緒にマスターしましょう。

Lesson 作品 ①

［スクエアコースター］

平編みで編むスクエアコースターは、最も基本的な細編みを練習するのに最適な作品。同じ力で編み進め、目をそろえるようにしましょう。

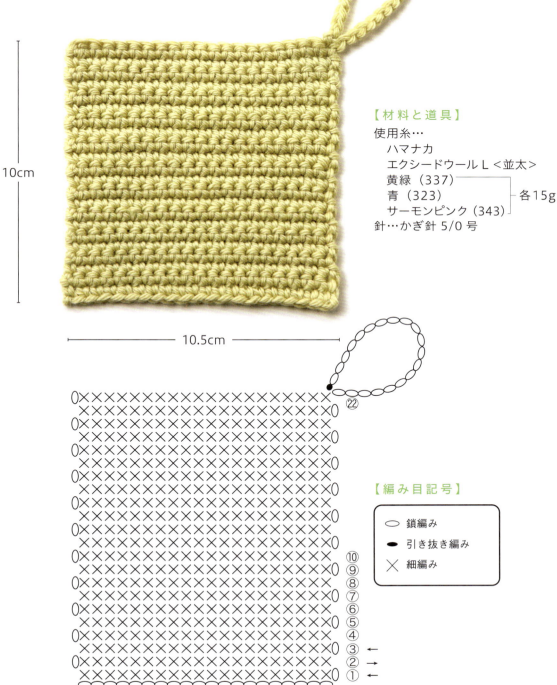

10cm

10.5cm

【材料と道具】
使用糸…
　ハマナカ
　エクシードウール L ＜並太＞
　黄緑（337）
　青（323）　　各15g
　サーモンピンク（343）
針…かぎ針 5/0 号

【編み目記号】
○ 鎖編み
● 引き抜き編み
× 細編み

つくり目鎖 20 目

Lesson 1 つくり目

[スクエアコースター] つくり目

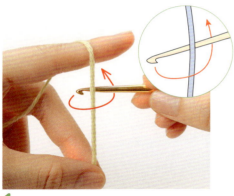

1. 針を糸の向こう側にあて、そのまま手前に引きながら矢印のように回転させます。

2. すると写真のように糸が針にかかります（写真ではわかりやすいように糸をゆるめています）。

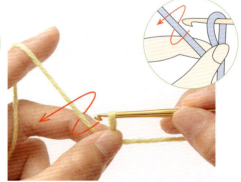

3. 糸がクロスした部分を左手の中指と親指で押さえて、矢印のように針を動かして針に糸をかけます。

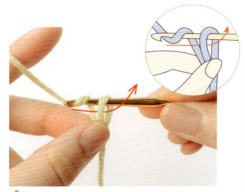

4. 針に糸をかけたまま、矢印のように引き抜きます。

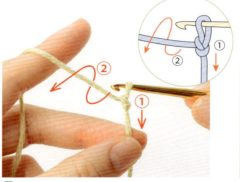

5. 引き抜いたら押さえていた指を離し、糸を①の矢印の方向へ引いてループを引き締めます。針を②の矢印のように動かして糸をかけます。

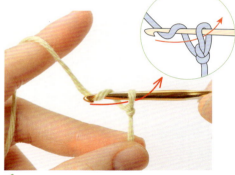

6. 針先に糸をかけたまま、矢印のように糸を引き抜きます。

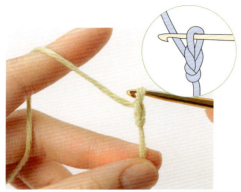

7. これで鎖編み1目が編めました。

8. 6のように「糸をかけて引き抜く」を、あと19回くり返します。

9. コースターに必要なつくり目が20目編めたところです。全部で20目あるか確認しましょう。　⇒P28につづく

ポイント
かんたん編みはじめ5ステップ

左ページのつくり目の方法が難しいときは、ここに紹介するかんたんな方法をトライしてみましょう。

1
糸端に近いところで糸を交差させ、輪をつくります。

2
その輪の中から糸玉側の糸を引き出します。

3
引き出した糸を持ったまま糸玉側の糸を引き、輪を引き締めます。

4
引き出した糸（ループ）に針を入れます。このとき糸玉側の糸を手前にして針を入れること！

5
糸玉側の糸と端の糸の両方を引き、ループを引き締めたらできあがり。

ポイント
正しい糸のかけ方

鎖編みの場合

  →

糸の手前に針を置き、向こうに押しながら矢印のように針を動かして糸をかけます。

このように糸がかかっている状態が、正しい糸のかけ方です。

針本体に糸をかけず、針先のかぎ部分だけに糸をかけて引き出すと、鎖がねじれてしまいます。

糸が手前から向こうにかかっていて、2重になっています。

細編みの場合

  →

細編みの糸の引き出しも間違いやすいポイント。矢印のように針を動かします。

針の上から糸がかかるのが正しいかけ方です。

針の下を通って糸がかかるのは間違った糸のかけ方です。

Lesson 1 1段め

[スクエアコースター] 1段め

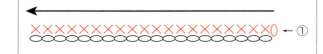

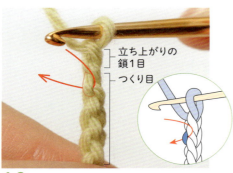

10. 立ち上がりの鎖編みを1目編みます。次につくり目最後の目の裏山に針を入れます。

立ち上がりの鎖1目
つくり目

Point
新しい段を編むときは、その目がつぶれないように編み目と同じ高さの**立ち上がりの鎖編み**を編みます（→P65）。細編みは鎖編み1目分なので、コースターでは段の編みはじめに立ち上がりを1目編みます。

11. 針に糸をかけて矢印のように糸を引き出します。

12. 糸を引き出したところです。

13. 針に糸をかけて、矢印のように2本のループを引き抜きます。

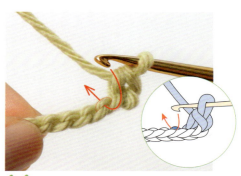

14. 細編みが1目編めました。次の針は矢印の部分に入れ、11〜13をあと19回くり返します。

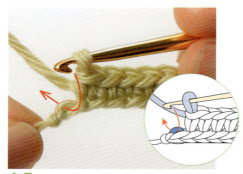

15. 最後の目も、矢印のように裏山に針を入れて細編みを編みます。

16. 最後の目を編んだところです。これで1段めが編めました。全部で20目あるか確認しましょう。
⇒P30につづく

ポイント

正しい糸の向き

針にかかっている糸のループの向きに気をつけましょう。
かぎ針が糸から外れてしまったときには正しく戻しましょう。

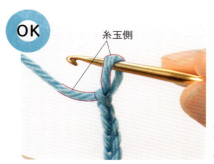

OK
ループの手前にかかっている糸が、糸玉側なのが正しい糸の向き。

NG
糸玉側の糸がループの向こう側にかかっているときは間違っているので、一度針を外して入れ直しましょう。

ポイント

鎖目の拾い方は3種類

つくり目からの目の拾い方は3種類。指定がないときは好きな拾い方でよいですが、それぞれの特徴をよく理解して使い分けるようにしましょう。

① 裏山を拾う

 →

鎖編みの裏山に針を入れて目を拾います。

細編みを1目編んだところです。次の目からも裏山を拾いながら進みます。

- 鎖が編み端に残るので仕上がりがきれい。
- 編み端を縁編みなどで始末しないとき、続けて下に編まないときに向いている。

② 鎖の半目と裏山を拾う

 →

鎖の半目と裏山に針を入れて目を拾います。

細編みを1目編んだところです。次の目からも鎖の半目と裏山を拾います。

- 鎖の目が伸びず目がつまった1段めになる。
- 縁編みやとじはぎをする場合に向いている。

③ 鎖の半目を拾う

 →

つくり目の鎖の上半目に針を入れて目を拾います。

細編みを1目編んだところ。鎖目が広がりすき間があいています。

- 目が拾いやすく、すっきり薄く仕上がる。
- 拾い目が伸びやすいが高さが出る。

Lesson 1

2段め

[スクエアコースター] 2段め

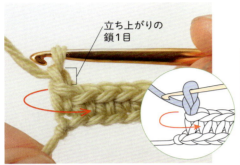

17. 2段めの立ち上がりの鎖編みを1目編んでから、編み地を矢印のように回転させます。

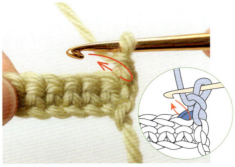

18. 端の目の頭の鎖2本に針を入れます。

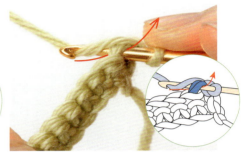

19. 針に糸をかけて、矢印のように糸を引き出します。

20. 糸を引き出したところ。

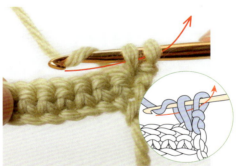

21. 針先に糸をかけ、矢印のように針にかかった2つのループを一度に引き抜きます。

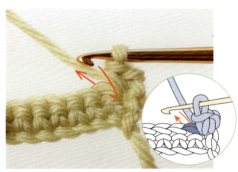

22. 2段めの細編みが1目編めたところです。次も前段の細編みの頭の鎖2本を拾います。

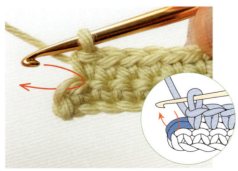

23. 1目を残して19目めまで編めました。矢印のように前段最後の目に針を入れて20目めを編みます。

24. 2段めが最後まで編めました。

つまずきポイント

最後の目を間違えない！

もし立ち上がりの目（赤い目）に入れてしまうと…。

本来は24の写真のように直角になる角が、とがったような形になってしまいます。

3段め～最終段

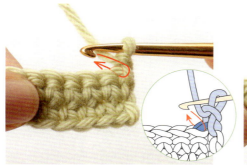

25. **立ち上がりの鎖編み**を1目編み、編み地を**17**のように回転させ、端の目の頭の鎖2本に針を入れ、細編みを編みます。

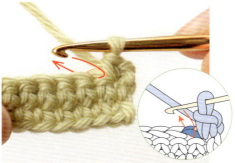

26. **細編み**が1目編めたところです。2目め以降も同じように編んでいきます。

27. 3段めが最後まで編めました。**立ち上がりの鎖**1目と**細編み**をくり返して、編み進めます。

28. 目がきつくなったり、ゆるくなったりしていないか、大きさがそろっているかを確認しながら最終段まで編みます。

29. 最後の目は矢印の目に針を入れて細編みを編みます。

30. 最後の目が編めました。編み地本体はこれで編み終わりです。

Step up

「間違えた」「やり直したい」ときのリカバリー方法

間違って編んでしまったときや、目がそろわなくて編み直したいときは、この方法なら無駄に目を外さずに戻れます。
※写真では長編みですが細編みでも入れるところは同じです。

戻りたい目の頭の鎖の向こう側1本に針を入れます。

糸玉側の糸を引いて目を外していきます。

戻りたい目まで戻れました。

Lesson 1 ループ

[スクエアコースター] ループ・糸端の始末

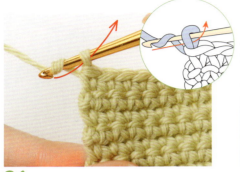

31. 続けてループを**鎖編み**で編みます。

32. **鎖編み**を20目編んだら、編み地を回転させます。

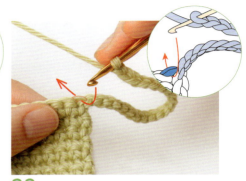

33. 最終段の最後の細編みの頭の鎖2本に針を入れます。糸をかけて引き抜いてループを固定します。

34. 引き抜いたら、針にかかっているループを大きく広げます。

35. 10〜15cmを残して糸を切ります。

36. 大きくしておいたループに糸端を通して引き締めます。

糸端の始末

37. 編み終わりの糸に針を通して、33で引き抜いた目に針先を入れます。

38. 端の目に5cmほどくぐらせます。1目ずつではなく、一度に5目くらい通してOK。

39. 一方向だけだと抜けてしまうので、引き返して逆向きにも3〜4cm程度くぐらせましょう。

40. 余った糸を編み地ギリギリの部分で切ります。仕上がりを美しくするために、はさみはよく切れるものを使いましょう。

41. 編みはじめの糸端もとじ針に糸を通して始末します。編み終わりのように端の目にくぐらせても、写真のように1段めに通してもOK。

42. 最後は編み地の四隅をまち針で留めてアイロンをかけます。このとき、アイロンを押しつけると目がつぶれてしまうので、1cmほど浮かせてスチームアイロンをかけましょう。完全に冷めてからまち針を外します。

Step up

とじ針に糸を通すコツ

とじ針に毛糸を通すときは、毛糸を平らにしてから通せばスムーズです。

1 糸に針を挟み込んで折り曲げます。

2 糸がV字になるように、糸の根元をギュッと押さえます。

3 針を外して、糸の折り曲がった部分を針の穴に通します。

4 輪になった部分を引き出せばできあがり。

Q&A

糸端が短くて始末ができなくなっちゃった…!?

A. とじ針だけを始末するところに先に刺し、あとから糸を通せば始末ができます。

1 短くなってしまった糸はとじ針に通さず、とじ針を先に編み地にくぐらせます。

2 とじ針の穴に糸を通します。

3 普通に始末するように針を抜きます。

4 糸が編み地にきれいに入りました。

Lesson 作品 ②

［エコたわし］

くるくると丸く編み進める円編みのエコたわしは、鎖編みと細編み、長編みだけで編む簡単だけどかわいい作品。「輪のつくり目」はちょっぴり難しい印象ですが、プロセス通りに編めば、すぐにマスターできます。

Lesson 1 ［エコたわし］

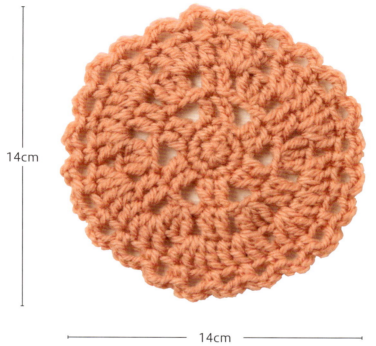

14cm
14cm

【材料と道具】
使用糸…ハマナカ ラブボニー
　薄ピンク（128）
　赤（111）　　　各15g
　深紅（112）
　えんじ（129）
使用針…かぎ針 7/0 号

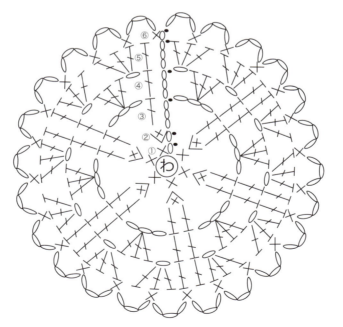

【編み目記号】

⌒	鎖編み
×	細編み
●	引き抜き編み
⋎	細編み2目編み入れる
╀	長編み
⋎	長編み3目編み入れる

35

Lesson 1 輪のつくり目

[エコたわし] 輪のつくり目

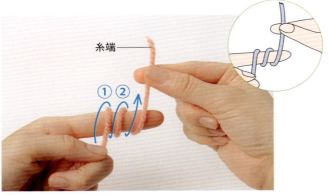

1. 左手の人さし指に糸端を10cmほど残して、2回巻きつけます。

2. 糸が3本重なっている部分を右手の指でしっかりと押さえながら、糸を外します。

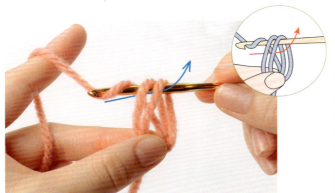

3. 右手の指で押さえた部分を左手の親指と中指に持ちかえ、糸玉に近い方の糸を左手人さし指に引っかけたら、針を輪の中に入れて糸をかけて引き出します。

4. 糸を引き出したところです。

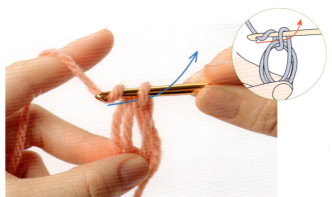

5. 針に糸をかけて、4で引き出したループを引き抜きます。

6. 輪のつくり目ができました。1目編んだように見えますが、これは目には数えません。 ⇒P38につづく

ポイント

指に糸を巻いてつくる「輪のつくり目」

指に巻いた糸を外して持ちかえるとき（P36の2〜3）で、「輪」がくずれてしまう場合におすすめです。

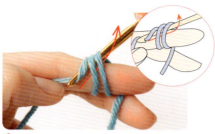

1. P36の1のように人さし指に糸を2回巻きつけ、中指で糸を押さえます。輪の中に針を入れて糸玉側の糸をかけ、矢印のように引き出します。

2. 糸を引き出したところです。

3. 針に糸をかけて、ループを引き抜きます。

4.「輪のつくり目」ができました（P36の6と同じ）。これは目には数えません。

5. 針に糸をかけて鎖編みを1目編みます。これが立ち上がりの鎖編み1目になります。

6. 立ち上がりの1目が編めた状態で指を糸から外します。「輪」が安定してから外すので、くずれません。

Step up

もっとシンプルな「輪のつくり目」の方法

最初につくる「輪」を2重ではなく1重にする方法。針の出し入れがわかりやすく、中心の引き締めも簡単ですが、中心がゆるみやすいので糸始末をしっかりしましょう。

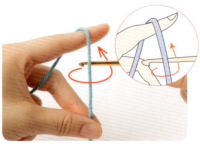

1. 鎖編みのつくり目と同じ要領（P26の1）で針を糸の向こう側に当て、そのまま手前に引きながら矢印のように回転させます。

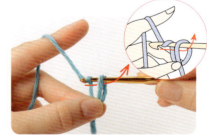

2. 針にかかったループを大きく広げ、交差する部分を左手の親指と中指で押さえて、糸玉側の糸を人さし指にかけます。「輪」に針を入れ、糸をかけて引き出します。

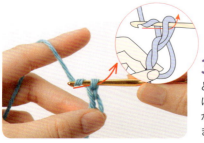

3. 糸を引き出したところです。さらに針に糸をかけて、針にかかったループを引き抜きます。

4. これでシンプルな輪のつくり目ができました。必要な目数を編み入れたあと、中心を引き締めるときは、糸端を引っ張ります。

Lesson 1 — 1段め

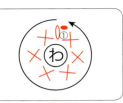

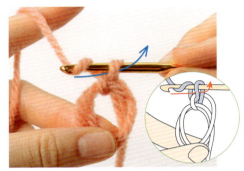

7.「輪のつくり目」ができた状態から針に糸をかけて、矢印のように引き抜いて、鎖編みを1目編みます。

8. 立ち上がりの鎖編みが1目編めました。

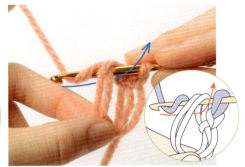

9. 輪に針を入れて針に糸をかけ、矢印のように糸を引き出します。

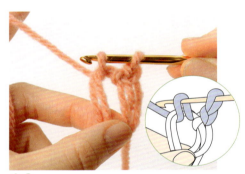

10. 糸を引き出しました。

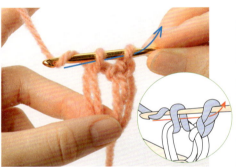

11. 針に糸をかけて矢印のように糸を引き抜きます。

12. 細編みが1目編めました。9〜11をあと5回くり返して、輪のつくり目に細編みを6目編み入れます。

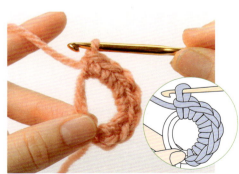

13. 6目編み入れたところ。

ポイント
輪のつくり目で目を数える!

立ち上がりの鎖編みを目に数えないことがポイントです。わかりにくいときは、針がついているループ下の編み終わり(この場合は6目め)から数えると数えやすく、正確にカウントできます。

【つくり目の引き締め】

14. 針を外して、糸が抜けてしまわないようにループを大きくしておきます。糸端を矢印の方向に少し引っ張ります。

15. すると2本の輪のうち、動く糸と動かない糸があります。

16. 動いた方の糸をつまんで、引っ張ります。

NG
14で糸端をそのまま強く引っ張ってしまうと、1本のループ（動かない糸）が残ったまま中心の輪が閉じてしまうので注意。

17. 動かなかった方の糸が小さく引き締まりました。

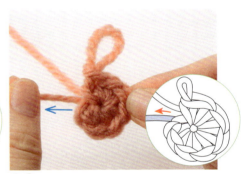

18. 糸端を引き、輪をしっかりと引き締めます。

19. 休ませておいたループに針を入れ、1目めの細編みの頭の鎖2本に針を入れます。

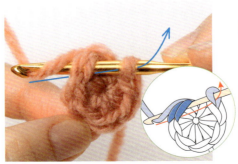

20. 針に糸をかけ、矢印のように引き抜きます。

21. 1段めが編み終わりました。

Lesson 1 [エコたわし] 2段め

2段め

22. 立ち上がりの鎖編みを1目編みます。

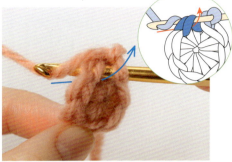

23. 前段の1目めの細編みの頭の鎖2本に針を入れます。針に糸をかけて、矢印のように糸を引き出します。

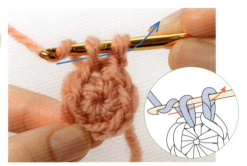

24. さらに針に糸をかけて、2本のループを一度に引き抜きます。

25. 細編みが1目編めました。矢印のように同じ目にもう一度針を入れ、もう1目細編みを編みます。

26. 細編みを2目編み入れました。

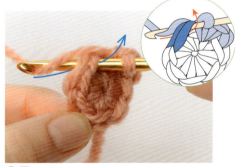

27. 次の目（前段の細編み2目めの頭の鎖2本）に針を入れ、23〜26をあと5回くり返し、2段めを編みます。

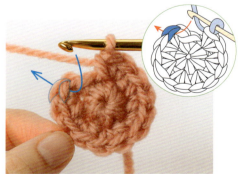

28. 2段めの細編みが12目（1段めの細編み6目に2目ずつ編み入れる）編めました。2段め1目めの細編みの頭の鎖2本に針を入れ、糸をかけて引き抜きます。

29. 引き抜いたところです。

30. ループから針を引き抜いてループを大きく広げ、ループの2本の糸を同時に強く引くときれいに引き締められます。

⇒P42につづく

ポイント

「円編み」の編み終わりのNG

NG 【引き抜く目を間違えて細編みを編んでしまった】

前段最後で引き抜き編みをした目は、続けて編んでしまいそうになる間違いやすい目です。

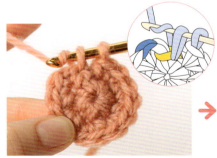
この目に細編みを編もうとしています。

1目多く編んでしまいました。これをくり返すと、どんどん目が増え続けてしまいます。

NG 【1目めの編み入れる位置を間違えてしまった】

1目めは、立ち上がりの鎖目を編んだ目に編まなければいけません。

間違えて隣の目に細編みを編もうとしています。

立ち上がりの目が立ち上がらず、横に寝たようになってしまいました。

NG 【すくい方を間違えてしまった】

目を拾うときは目の頭の鎖2本を拾います。

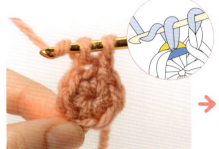
目の頭の鎖向こう側1本に針を入れて糸を引き出しました。手前に鎖の1本が残っています。

鎖の片方だけを拾って編み進めていくと、手前に糸が残ってしまいます。

Lesson 1 3段め

[エコたわし] 3段め

31. 3段めは長編みなので、**立ち上がりの鎖編み**3目を編みます。これは長編み1目と数えます。

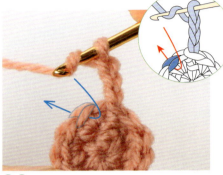

32. 針に糸をかけて立ち上がりの目を編んだ隣の目（2目め）に針を入れます。

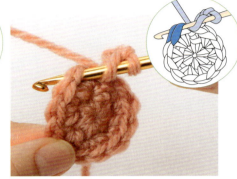

33. 2目めに針を入れたところです。

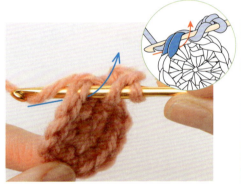

34. 針に糸をかけ、矢印のように糸を引き出します。

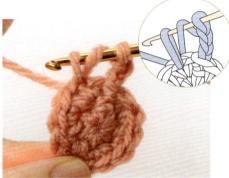

35. 糸を引き出したところです。針に3本のループがかかっているのがわかります。

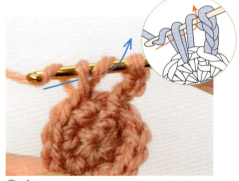

36. さらに針に糸をかけて、まず2本のループを引き抜きます。

37. 引き抜いたところです。まだ針には2本のループがかかっています。

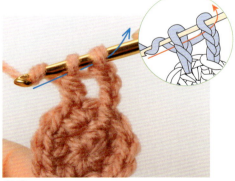

38. 再び針に糸をかけて矢印のように2本のループを引き抜きます。

39. これで**長編み**が1目編めました。

40. 続けて**鎖編み**3目を編みます。

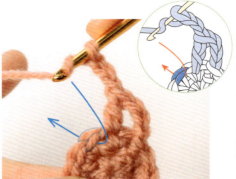

41. 針に糸をかけて隣の目（3目め）に、矢印のように針を入れて、糸を引き出します。

42. 糸を引き出したところです。針にはループが3本かかっています。

43. 針に糸をかけて、矢印のようにループを2本一度に引き抜きます。

44. 引き抜いたら再び針に糸をかけ、またループを2本一度に引き抜きます。

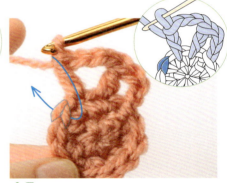

45. **長編み**が編めました。次の目にも長編みをもう1目編みます。

46. 長編みを編んで鎖編みを3目編んだところです。編み図にしたがって長編み2目と鎖編み3目をくり返し、3段めの最後まで編み進めます。

47. 3段め最後の**鎖編み**3目が編めました。立ち上がりの鎖編み3目めの**鎖半目と裏山**に針を入れて引き抜きます。（→P29「鎖目の拾い方は3種類」2参照）

48. 3段めが編み終わりました。

Lesson 1 [エコたわし] 4段め

4段め

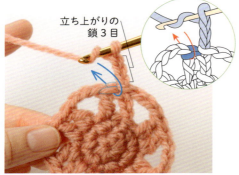

49. 立ち上がりの鎖編み3目を編みます。針に糸をかけて隣の目に針を入れ、糸を引き出します。

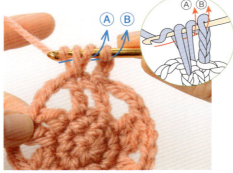

50. 針に糸をかけ、まずは矢印Ⓐのように引き抜き、さらに糸をかけて残ったループ2本を引き抜きます（矢印Ⓑ）。

51. 長編みが1目編めました。

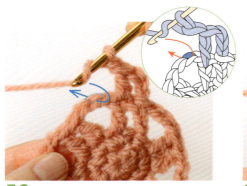

52. 鎖編みを1目編んだら、針に糸をかけて前段の鎖編み3目の真ん中の目に針を入れます。このとき、鎖半目と裏山を拾って糸を引き出します（→P47）。

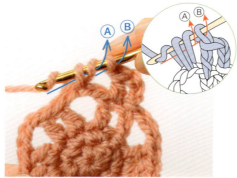

53. 針に糸をかけたら、50と同様に長編みを編みます。

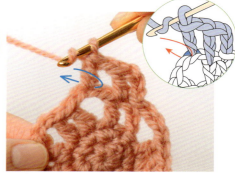

54. 針に糸をかけて、同じ目に針を入れ、もう1目長編みを編み入れます。

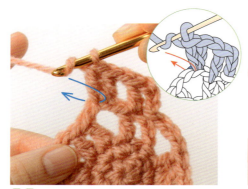

55. 長編みを2目編み入れました。再び針に糸をかけ、もう一度同じ目に長編みを編みます。

56. 前段の鎖編みの真ん中の目に、長編み3目編み入れました。

57. 鎖編みを1目編みます。

58. 針に糸をかけて、前段の長編みの頭に**長編み**を編みます。前段の隣の長編みの頭にも**長編み**を編みます。

59. 長編みが2目編めました。

60. **鎖編み**を1目編んだら、針に糸をかけて前段の鎖編みの真ん中の目の**鎖半目と裏山**に**長編み**を3目編み入れます。

61. 長編み3目を鎖編みに編み入れ、さらに鎖編みを1目編みました。編み図にしたがって**長編み**と**鎖編み**をくり返し、4段めの最後まで編み進めます。

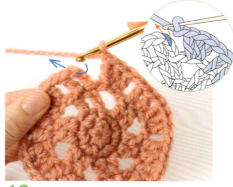

62. 最後の鎖編み1目まで編めました。立ち上がりの鎖編み3目めの**鎖半目と裏山**に針を入れて、引き抜きます。

63. 4段めが編めました。

Q&A

Q：立ち上がりの目に1目めを編むときと編まないときの違いは？

A. 細編みは立ち上がりの目を1目と数えないので同じ目に編み、中長編み以上の目は立ち上がりを1目と数えるので立ち上がりの隣の目に編みます。

細編み

立ち上がり鎖1目を編んだら、立ち上がりと同じ目に1目めを編みます。これは立ち上がりを1目と数えないためです。

長編み

立ち上がり鎖3目を編んだら、立ち上がりの隣の目に2目めを編みます。これは立ち上がりを1目めに数えるからです。

立ち上がりの目を1目と数えるか数えないかで、1目めに編むか編まないかが決まります。これを間違えると、知らない間に目が増えたり減ったりしてしまうので気をつけましょう。

Lesson 1 — 5段め

[エコたわし] 5段め

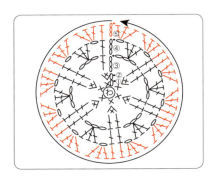

64. 立ち上がりの鎖編みを3目編み、針に糸をかけて矢印のように隣の目に針を入れて、長編みを編みます。

65. 針に糸をかけて、前段の鎖編みの下のあいているスペースに針を入れ、鎖編み全体を編みくるむように糸を引き出します。

66. 糸を引き出したら、針に糸をかけて長編みを編みます。このように前段の目の下のスペースに針を入れて、目を編みくるむことを束に編むといいます。

67. 針に糸をかけて、65と同じように鎖編みの下の同じスペースに針を入れて長編みをあと2目編みます。

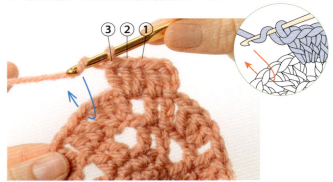

68. 長編み3目を束に編みました(ﾌﾌﾌ)。続けて針に糸をかけて、矢印のスペースに針を入れ、鎖編み全体を編みくるむようにして長編み3目を束に編みます。

69. 長編み3目を束に編みました。前段の長編みの頭の鎖2本を拾って、長編みを編みます。その隣の前段の長編みにも同様に長編みを編みます。

70. 長編み2目が編めました。

71. 編み図にしたがって、長編みを束に編み入れたり、前段の頭に編んで、5段めの最後まで編み進めます。

72. 5段め最後の「長編み3目を束に編み入れる」が編めました。立ち上がりの鎖編みの3目めの**鎖半目と裏山**に針を入れて、引き抜きます。

73. 引き抜いたところです。5段めが編み終わりました。長編みが立ち上がりの鎖目を含めて全部で48目あります。

ポイント
「目に編み入れる」と「束に編む」の違い

エコたわしの4段めと5段めに出てきた「目に編み入れる」と「束に編む」は、よく見ると編み目記号が違います。編み方と見た目の違いを見比べてみましょう。

目に編み入れる

編み目記号は、足の根元がくっついています。

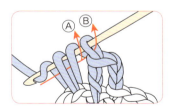

前段の目の中に針を入れて編みます。

編み目の足の根元が1つの目にキュッと集まっています。根元が固定されて動きません。

束に編む

編み目記号は、足の根元が離れています。

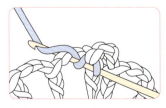

前段のスペースに針を入れるような感じで、鎖を編みくるむように拾います。

編み目の足の根元が離れていて、横に広がっています。根元は動きます。

Lesson 1 6段め

[エコたわし] 6段め

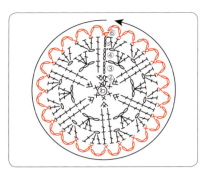

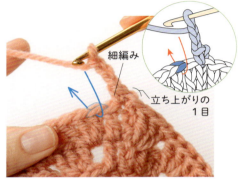

74. 立ち上がりの鎖編みを1目編んだら、同じ目に細編みを1目編みます。続けて鎖編みを3目編み、1目あけて隣の目に細編みを編みます。

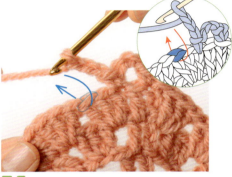

75. 同じように鎖編みを3目編み、1目あけて隣の目に細編みを編みます。

76. 74〜75をくり返し、段の最後まで編み進めます。

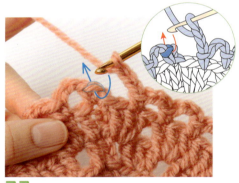

77. 最後の鎖編み3目を編んだら、1目めの細編みの頭に引き抜きます。

78. 6段めまで編めました。

79. 引き抜いたループを大きく広げます。

80. 糸始末のための糸を15〜20cm程度残してはさみで切ります。

81. 糸端を、広げたループの中に通します。

82. 糸端を引き締めます。

糸端の始末

83. 残しておいた糸端をとじ針に通します。

84. 編み地の裏側が見えるようにして、表にひびかないように編み地にくぐらせます。このとき、一方向だけにくぐらせると抜けてしまうので、別方向にもくぐらせます。

85. 編み地ギリギリのところで糸を切ります。

86. 編みはじめに残していた糸も、とじ針に通して始末します。

87. 糸が出ているところから近い位置に針を入れ、編み地にくぐらせていきます。

88. 編み地ギリギリのところで糸を切ります。

89. エコたわしの完成です。

ポイント

糸の始末。表にひびかないように針を入れるには?

最後まできれいに編んだら、糸の始末まで美しく仕上げたいもの。表にひびかないように糸始末するためのポイントを教えます。

裏側に針をくぐらせたら、そのままの状態で表に返します。

表から見て針が全く見えなければ、表にはひびいていない証拠。もし針が長く見える箇所があれば、針を入れ直しましょう。

つまずきポイント
いつのまにか「増えた！」「減った！」トラブル解決法

立ち上がりの目のルールを理解していないと、編んでいるうちに「知らないうちに目が増えた・目が減った」ということも。編みはじめと編み終わりで起こりやすい間違いを、ここでまとめました。

細編み
細編みの立ち上がりの鎖編みは1目。この1目は目として数えません。

段の終わり

NG 前段の目の上に細編みを編んだあと、立ち上がりの鎖編みにも針を入れてしまうと…。

結果、目が増えてしまいます。

OK 前段の最後の細編みの頭に針を入れます。

すっきりと四角い形になっています。これでこの段は編み終わりです。

段のはじめ

NG 立ち上がりの鎖編み1目を目に数えてしまい、次の目に針を入れてしまう。

1目飛ばしたことになり、立ち上がりの鎖編みが引っ張られて斜めになっています。

OK 立ち上がりの鎖編みを編んだら、同じ目に針を入れて細編みを編みます。

立ち上がりの目がきちんと立ちます。

長編み
長編み・中長編み・長々編みは、立ち上がりの目を1目として数えます。

左側

NG 前段の立ち上がりの鎖編みの上に長編みを編まずに、次の段の立ち上がりの鎖編みを編むと…。

1目減ってしまいます。

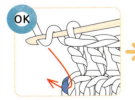 

OK 前段の立ち上がりの鎖編み3目めに針を入れます。

これで前段もこの段も編み目の数は同じです。

右側

NG 立ち上がりの鎖編みを1目と数えず、同じ目に針を入れてしまうと…。

目が増えてしまいました。立ち上がりの鎖編みが右に大きく飛び出しています。

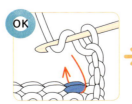 

OK 立ち上がりの鎖編みの隣の目に針を入れて長編みを編みます。

立ち上がりの鎖編みが1目めとしておさまっています。

Lesson2

編み目記号事典

ここからは、編み目記号を紹介していきます。
たくさんあって難しく見えるかもしれませんが、
基本的な動作を学べばあとは応用です。
作品を編んでいるときに迷ったら、
このページを開きましょう。

Lesson 2

基本の編み目

これさえ覚えればすぐにかぎ針編みが始められる！という基本の7種の編み方を紹介します。あとはこの編み方の応用なので、この基本をしっかり覚えましょう。

鎖編み

 鎖編み

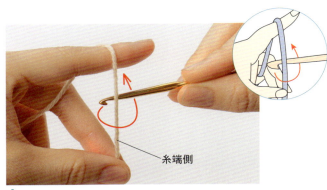

1. 人さし指に糸をかけ、針を糸の向こう側に当て、そのまま手前に引きながら矢印のように回転させます。

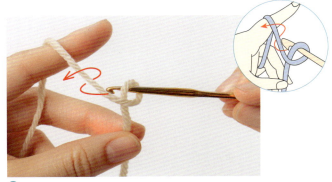

2. 糸がクロスした部分を中指と親指で押さえて、針を矢印のように動かして針に糸をかけます（写真は糸が見やすいように指を外しています）。

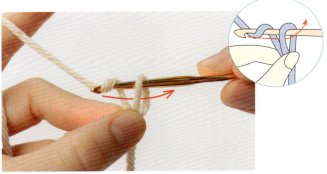

3. 針先に糸をかけ、ループの中を通して糸を引き抜きます。

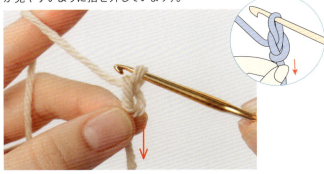

4. 引き抜いたら、中指と親指で糸を下に引っ張り、目を引き締めます（これは目数には数えません）。

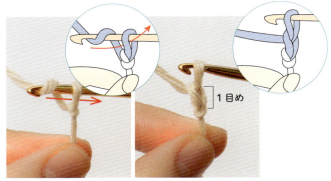

5. 2と同じように針に糸をかけ、ループを引き抜きます。これで鎖編みが1目編めました。

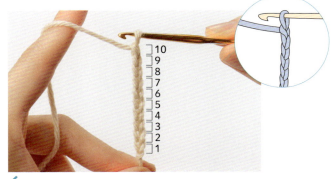

6. 10目編んだところです。

Q&A

Q：目の数え方がわかりません…

A. 鎖編みは文字通り鎖のような形が連なっています。ひとつの鎖を1目に数えます。
裏側には裏山と呼ばれる突起のようなものが見えます。これは1目にひとつずつあります。

ポイント

つくり目の手加減

① つくり目の手加減によって、そこから編んだ編み地に歪みが出てしまうことがあります。
きつすぎたり、ゆるすぎたりしないように、均等な手加減で編むようにしましょう。

② つくり目は通常1～2号大きなかぎ針でつくります。作品集などの本で指示がない場合も、そのようにするとよいでしょう。

つくり目と編み地のバランスがとれていて、つくり目から真っすぐ上に編めています。

強く糸を引いてきつめに編むと窮屈なつくり目になります。

ゆるすぎるつくり目だとバランスが悪くなります。

鎖の目のゆるさ・きつさ一覧

 …ループを引き抜くときに少しきつくします。

 …ループを引き抜くときに少しゆるめます。

 …ループを引き抜くときの力を均等にします。

✕ 細編み（こまあみ）

【1段め】

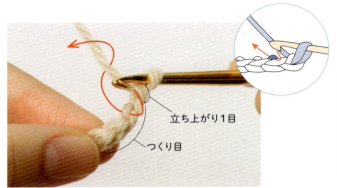

立ち上がり1目
つくり目

1. 鎖編み（つくり目）を編んだら立ち上がりの鎖1目を編み、つくり目最後の目の裏山に針を入れます。

2. 針に糸をかけ、矢印のように糸を引き出します。

3. 針に糸をかけ、矢印のように2本のループを引き抜きます。

隣の目

4. 細編みが1目編めました。2目め以降は隣の目の裏山に針を入れ、2〜3をくり返します。

最後の裏山

5. 最後の裏山はわかりづらいので間違えないように拾いましょう。

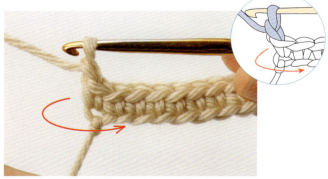

6. 立ち上がりの鎖編み1目を編んでから、編み地を矢印のように回転させます。

【2段め】

2段め以降は、前段の細編みの頭の鎖2本を拾います。

NG 細編みの2段めの最初は、立ち上がりの鎖編みと同じ目に編みます。矢印のところに針を入れると、1目飛ばしてしまうことになります。

NG 1目飛ばして編むと、右上の部分が四角くならず「なで肩」のようになり、立ち上がりの目が立ち上がらず斜めになってしまいます。

7. 前段の端の細編みの頭の鎖2本に針を入れます。

8. 針に糸をかけて矢印のように糸を引き出します。

9. さらに針に糸をかけ、2本のループを一度に引き抜きます。

10. 2段めの細編みが1目編めました。7〜9をくり返し、編み進めます。

11. 最後の目は前段の最初の細編みの頭の鎖2目に針を入れます。

12. 2段めが全て編めました。

Lesson 2

 引き抜き編み

引き抜き編み

1. 立ち上がりの目を編まずに、前段の細編みの右端の目の頭の鎖2本をすくうように針を入れます。

2. 針が入ったところです。矢印のように針を動かして針に糸をかけます。

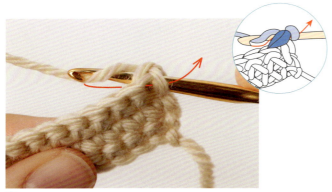

3. 矢印のようにループを一度に引き抜きます。

4. 引き抜き編みが1目編めました。続けて1〜3をくり返し、編み進めます。

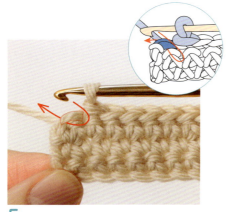

5. 最後の1目は、前段の目の頭の鎖2本に針を入れて糸をかけ、引き抜きます。

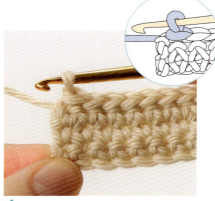

6. 最後の引き抜き編みが編めたところです。

NG

引き抜き方が強すぎると…

引き抜く時に力を入れすぎると、編み地が引きつってしまいます。

【円編みの引き抜き編み(細編みの場合)】

1段が編み終わるごとに引き抜き編みをする円編みの方法を紹介します。

1. 1目めの細編みの頭の鎖2本に引き抜きます。矢印の場所に針を入れます。立ち上がりの目と間違えないように注意。

2. 引き抜く目(1目め)の頭の鎖2本に針を入れたところです。

3. 糸をかけて矢印のように引き抜きます。

4. 引き抜いたところ。円がきれいにつながりました。

ポイント
2段階で引き抜くときれい！

「一度に引き抜く」という指示でも、2段階に分けて引き抜いてもOKです。

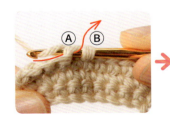 →  →  →

ⒶとⒷのループを一度に引き抜く場合、まず矢印のようにAを引き抜きます。

Ⓐを引き抜いたところです。続けてⒷも引き抜きます。

このときに改めて針に糸をかけて引き抜かないこと。

2本のループを引き抜いたところです。2段階に分けたほうがきれいに仕上がります。

Lesson 2 — T 中長編み（ちゅうながあみ）

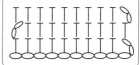

【1段め】

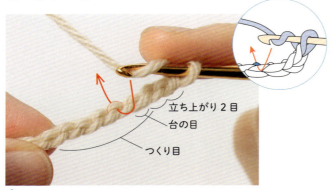

1. 鎖編みでつくり目を編み、立ち上がりの鎖2目を編んだら、針に糸をかけてつくり目の最後から2番目の裏山（台の目の隣）に針を入れます。

（立ち上がり2目／台の目／つくり目）

2. 糸をかけて引き出します。

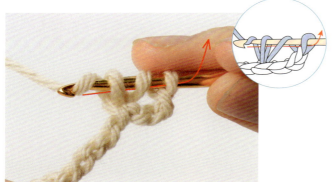

3. 針先に糸をかけて、針にかかっている3本のループを一度に引き抜きます。

4. 1段めの中長編みが1目編めました。P54「細編み」4〜5と同じ要領で最後まで編み、立ち上がりの鎖編み2目を編み、編み地を回転させます。

Q&A

Q：台の目ってなに？

A. 中長編み、長編み、長々編みは立ち上がりの鎖編みを1目と数えます（細編みは数えません）。この立ち上がりの土台になるつくり目のことを「台の目」と呼びます。台の目はつくり目の最後の目になります。

（3目／2目／台の目（1目め））

【2段め】

立ち上がり2目

5. 中長編みは立ち上がりの目を1目と数えるので、針に糸をかけて矢印の目（前段の頭の鎖2本）に針を入れ、中長編みを編みます。

立ち上がりの目を1目としてカウントせず、1目めに中長編みを編んだところ。これをくり返すと、どんどん目が増えてしまいます。

6. 中長編みが1目（2段めの2目め）が編めました。次の目以降も前段の目の頭の鎖2本に針を入れて、中長編みを編んでいきます。

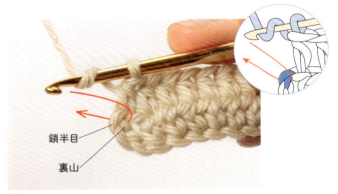

鎖半目
裏山

7. 2段め最後の目は、1段めの立ち上がりの鎖編み2目めに針を入れます。鎖編みの裏が見えているので、裏山→鎖半目の順に針を入れて中長編みを編みます。

【3段め】

立ち上がり2目

8. 立ち上がりの鎖2目を編んだら、編み地を回転させ、2段めの2目めの頭の鎖2本に針を入れて中長編みを編みます。

9. 3段め最後の目も、2段めの立ち上がりの鎖編み2目めに針を入れます。鎖編みの表が見えているので、鎖半目→裏山の順に針を入れて中長編みを編みます。

Lesson 2　中長編み

Lesson 2

長編み（ながあみ）

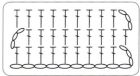

【1段め】

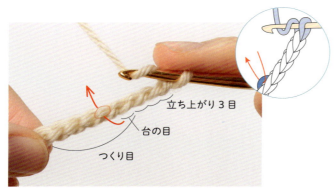

1. 鎖編みでつくり目を編み、立ち上がりの鎖3目を編んだら、針に糸をかけてつくり目の最後から2番めの裏山（台の目の隣）に針を入れます。

2. 針に糸をかけ、鎖編み2目分の高さを引き出します。

3. 針に糸をかけ、矢印のように2本のループを引き抜きます。

4. 再び糸をかけて残り2本のループを矢印のように引き抜きます。

5. 長編みが1目（1段めの2目め）が編めました。同じように2〜4をくり返して編み進めます。

6. 1段めが最後まで編めたら、立ち上がりの鎖3目を編んで編み地を矢印の方向に回転させます。

【2段め】

7. 長編みは立ち上がりの目を1目と数えるので、針に糸をかけて矢印の目（前段の頭の鎖2本）に針を入れ、長編みを編みます。

NG
立ち上がりの目を1目としてカウントせず、1目めに長編みを編んでしまうと、目が増えて右側にふくらんでしまいます。

8. 2段め2目めが編めました。次の目以降も、前段の目の頭の鎖2本に針を入れて長編みを編んでいきます。

鎖半目
裏山

9. 2段め最後の目は、1段めの立ち上がりの鎖編み3目めに針を入れます。鎖編みの裏が見えているので、裏山→鎖半目の順に針を入れて長編みを編みます。

【3段め】

10. 立ち上がりの鎖3目を編んだら、2段めと同じように編み地を回転させ、1目めには編まず、2目めの頭の鎖2本に針を入れて長編みを編みます。

11. 3段め最後の目も、2段めの立ち上がりの鎖編み3目めに針を入れます。鎖編みの表が見えているので、鎖半目→裏山の順に針を入れて長編みを編みます。

長々編み（ながながあみ）

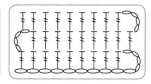

【1段め】

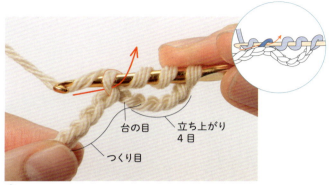

1. 鎖編み（つくり目）と立ち上がりの鎖4目を編んだら、針に2回糸をかけてつくり目の最後から2番めの目の裏山（台の目の隣）に針を入れ、糸をかけて引き出します。

2. かけた糸を引き出したところです。

3. 再び針に糸をかけて、矢印のように2本のループを引き抜きます。

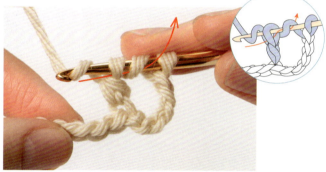

4. 引き抜いたら、さらに糸をかけて2本のループを引き抜きます。

5. 引き抜いたら、さらに糸をかけて残りの2本のループを引き抜きます。

6. 長々編みが1目（1段めの2目め）編めました。1〜5をくり返して長々編みを1段め最後まで編んだら、立ち上がりの鎖4目を編んで編み地を回転させます。

【2段め】

7. 針に2回糸をかけて矢印の目(前段の頭の鎖2本)に針を入れます。1〜5をくり返して長々編みを編みます。

8. 2段めの長々編みが1目(2段めの2目め)が編めました。1〜5をくり返して、長々編みを編み進めます。

【3段め】

鎖半目
裏山

9. 2段め最後の目は、1段めの立ち上がりの鎖4目めに針を入れます。鎖編みの裏が見えているので、裏山→鎖半目の順に針を入れて長々編みを編みます。

10. 2段めと同じように針に2回糸をかけ、2目めに針を入れて長々編みを編みます。

11. 3段めの長々編み1目(3段めの2目め)が編めました。1〜5をくり返して長々編みを編み進めます。

12. 3段め最後の目も、2段めの立ち上がりの鎖4目めに針を入れます。鎖編みの表が見えているので、鎖半目→裏山の順に針を入れて長々編みを編みます。

Lesson 2

三つ巻き長編み

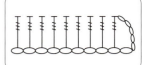

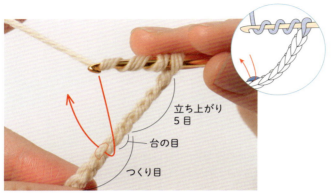

1. 鎖編み（つくり目）を編み、立ち上がりの鎖5目を編んだら、針に3回糸をかけてつくり目の最後から2番めの目の裏山（台の目の隣）に針を入れます。

立ち上がり5目
台の目
つくり目

2. 針に糸をかけて、矢印のように糸を引き出します。

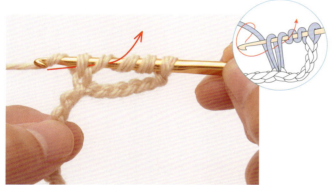

3. 針に糸をかけて矢印のように2本のループを引き抜きます。

4. 再度針に糸をかけて矢印Ⓐのように2本のループを引き抜き、さらに糸をかけて矢印Ⓑのように2本のループを引き抜きます。

5. 針に糸をかけて、矢印のように最後の2本のループを引き抜きます。

6. 三つ巻き長編みが1目編めました。1〜5をくり返して裏山を拾って編み進めます。

ポイント

編み目によって違う1目の高さ

編み目にはそれぞれ決まった高さがあります。鎖編みと細編みの高さを1とすると、中長編みは2、長編みは3、長々編みは4、三つ巻き長編みは5になります。段の編みはじめに編む「立ち上がりの目」はこの高さを目安に鎖編みで編み、次の目からの編み目の高さに合わせています。実際の編み目で高さを比べてみましょう。

	編み目記号	編み図	写真
鎖編み	○		
細編み	×		
中長編み	T		
長編み	⊤ (1本線)		
長々編み	⊤ (2本線)		
三つ巻き長編み	⊤ (3本線)		

立ち上がりの目の高さ一覧表

鎖編みで編む「立ち上がりの目」は、右の図のようにそれぞれの編み目の高さに合わせて編んでいます。細編みの際の立ち上がりの目は1目としてカウントされませんが、中長編み以上は1目として数えます。

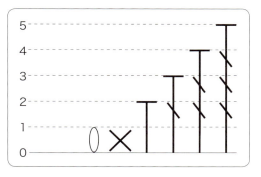

増し目

同じ目に複数の目を編み込むことで目を増やすことができます。編み方や数は違っても基本は同じ。応用すると編み地を大きく広げたり、美しい模様編みもできます。

細編み2目編み入れる

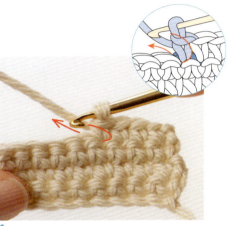
1. 細編みを1目編んだ同じ目に針を入れて、針に糸をかけて糸を引き出します。

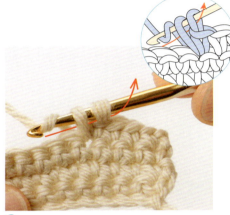
2. 針に糸をかけて2本のループを一度に引き抜きます。

3. 1目に細編みを2目編み入れました。

細編み3目編み入れる

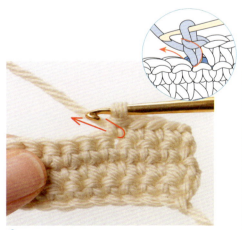
1. 細編みを1目編んだ同じ目に、針を入れてもう1目細編みを編みます。

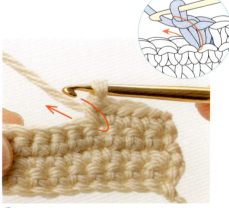
2. 細編み2目を同じ目に編み入れました。さらにもう1目同じ目に細編みを編みます。

3. 目に細編みを3目編み入れました。

ポイント
増し目の場所を変えると形が変わる

円編みでは増し目をする場所によって、角ができたり丸くなったりします。同じ場所で増し目をしていくと角ができ、ずらして増やすと丸くなります。

【同じところで増し目】

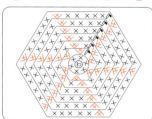

毎段同じ場所で増し目をすると、その場所に角ができるので、五角形や六角形などの形をつくることができます。

【ずらして増し目】

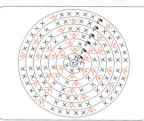

増し目をする場所をずらしていくと、なめらかな円の形になります。ずらして増し目をするときは、目を数えながら間違えないように増やしていきましょう。

Step up
「増し目」+「増減なし」で編むと立体的に

増し目をすれば平面方向に広がり、増し目も減らし目もせずに同じ目数をくり返し編めば上に立ち上がっていきます。

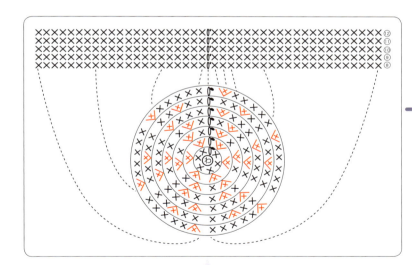

底部分は増し目で丸く広げる

底の部分は輪のつくり目から増し目をして、丸く広げて編んでいきます。

同じ目数で編み進めると立体になる

底の部分から目の数を増やさずにそのまま編み進めると、自然に立ち上がって立体になります。

Lesson 2

V 中長編み 2目編み入れる

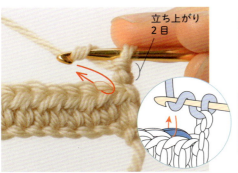

1. 針に糸をかけて、2目めに針を入れて糸を引き出します。

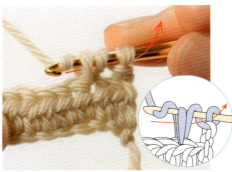

2. 針に糸をかけて、針にかかった3本のループを一度に引き抜きます。

3. 中長編み1目が編めました。

4. 針に糸をかけて同じ目に針を入れ、中長編みを編みます。

5. 中長編み2目を同じ目に編み入れました。増やし目をしているので、針に糸をかけて1目あけて次の目に針を入れます。

6. 「中長編み2目編み入れる」を編み進めたところ。

【鎖目から拾うとき】

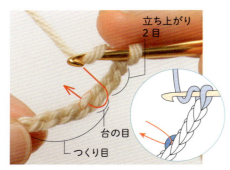

針に糸をかけて立ち上がり2目と台の目をあけて、その隣の目の裏山を拾います。

同じ裏山にもう1目中長編みを編みます。中長編み2目を編み入れました。

【束に編む】

目に編み入れず、前段の鎖編みを編みくるむように編むことを「束に編む」といいます。写真のように目の足元が固定されません。(→P47)

目の足元

中長編み 3目編み入れる

1. 針に糸をかけ、3目めに針を入れて中長編みを編み入れます。

2. 中長編み1目が編めました。針に糸をかけ、同じ目に針を入れて中長編みをもう1目編みます。

3. 針に糸をかけ、再び同じ目に針を入れます。

4. 3目めの糸を引き出したところです。糸をかけて、矢印のように針にかかった3本のループを一度に引き抜きます。

5. 中長編みを3目編み入れました。

【束に編む】

Lesson 2

 長編み 2目編み入れる

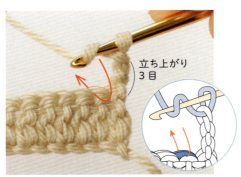

1. 針に糸をかけて2目めに針を入れ、さらに針に糸をかけて引き出します。

2. 針に糸をかけて矢印のように2本のループを引き抜きます。

3. さらに針に糸をかけて、矢印のように残り2本のループを引き抜きます。

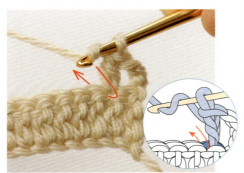

4. 長編み1目が編めました。針に糸をかけて同じ目に針を入れ、針に糸をかけて引き出します。

5. 針に糸をかけて、矢印のように2本のループを一度に引き抜きます。

6. 針に糸をかけて矢印のように2本のループを引き抜きます。これで「長編み2目編み入れる」が編めました。

【鎖目から拾うとき】

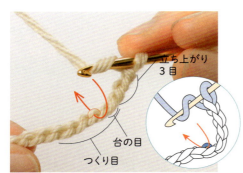

1. 鎖目から拾うときは、針に糸をかけて立ち上がり3目と台の目をあけて、その隣の目の裏山に針を入れます。

2. 同じ目にもう1目長編みを編み入れ、長編み2目を編み入れました。

【束(そく)に編む】

長編み
3目編み入れる

Lesson 2
長編み3目編み入れる

立ち上がり3目

1. 針に糸をかけ、3目めに針を入れます。

2. 針に糸をかけて糸を引き出し、矢印のように2本のループを引き抜きます。

3. さらに糸をかけて、矢印のように2本のループを引き抜き長編みを編みます。

4. 長編みが1目編めました。針に糸をかけ、同じ目に針を入れて長編みをもう2目編み入れます。

5. 長編みを3目編み入れました。

【束(そく)に編む】

71

Lesson 2

 長編み5目編み入れる
（目に編み入れる）

 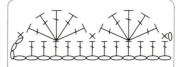

長編み5目編み入れる（目に編み入れる）

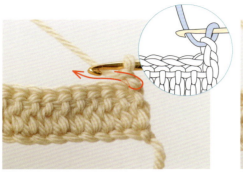

1. 立ち上がりの鎖編み1目を編んだら1目めに細編みを編みます。

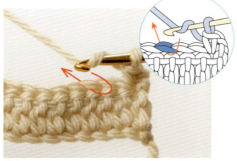

2. 針に糸をかけて4目めに針を入れ、長編みを1目編みます。

3. 同じ目にあと4目長編みを編みます。

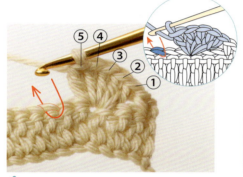

4. 長編みを5目編み入れました。2目あけて細編みを1目編みます。

5. 同じように2目あけて長編みを5目編み入れます。

6.「長編み5目編み入れる」を編み進めたところ。松の葉のような模様になるので「松編み」とも呼ばれています（→P188）。

【鎖目から拾うとき】

1. 立ち上がりの目を1目編んだら、1目めの裏山に細編みを1目編みます。

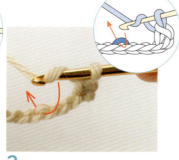

2. 糸をかけて2目あけ、3目めの裏山に針を入れて長編みを編みます。

3. 長編みが1目編めました。続けて同じ目に長編みを4目編み入れます。

4. 鎖編みに長編み5目編み入れ、2目あけて細編みも1目編みました。

長編み5目編み入れる（束に編む）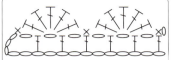

長編み5目編み入れる（束に編む）

1. 立ち上がりの鎖編み1目を編んだら、1目めに細編みを編みます（この場合は長編みの頭）。

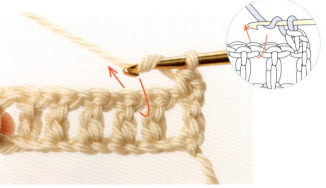

2. 前段の鎖編み部分に長編みを編みます。このとき目に編み入れるのではなく、鎖編みの下のスペースに針を入れて、鎖を編みくるむようにして長編みを編みます（束に編む）。

3. 長編み1目を束に編みました。同じようにこのスペースに長編みを4目編み入れます。

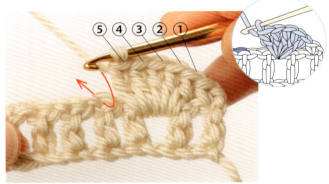

4. 長編み5目を束に編み入れました。次は2目あけた3目めの長編みの頭に細編みを編みます。

5. 針に糸をかけて、3目めの鎖編みを編みくるむようにして長編みを5目編み入れます。

Lesson 2

減らし目

減らし目は、複数の目をひとつにまとめることで目を減らす方法。
編み途中の「未完成の編み目」（→P75）を一度に引き出して目を減らします。

 細編み2目一度

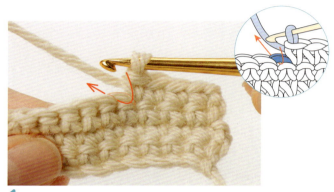

1. 前段の細編みの頭に針を入れます。

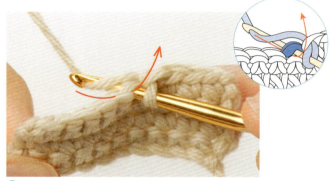

2. 針に糸をかけて、引き出します。

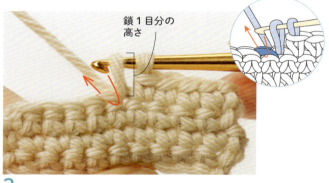

鎖1目分の高さ

3. 引き出した糸を鎖1目分の高さにします。これが未完成の細編みです。このまま次の目に針を入れます。

4. 針に糸をかけ、糸を引き出します。

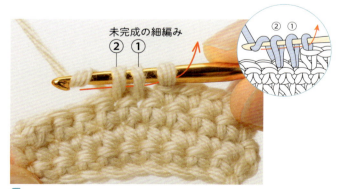

未完成の細編み ② ①

5. 引き出した糸の高さを鎖1目分にそろえると、未完成の細編みが2目になりました。針に糸をかけて、針にかかっている3本のループを引き抜きます。

6. 細編み2目一度が編め、前段の2目が1目に減りました。

細編み3目一度

Lesson 2 細編み3目一度

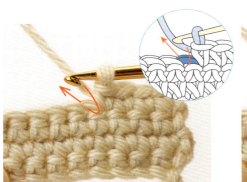

1. 前段の細編みの頭に針を入れます。

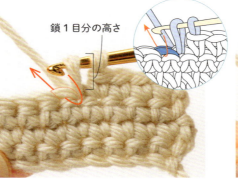

2. 針に糸をかけて、高さを鎖1目分になるように糸を引き出します（未完成の細編み1目め）。その隣の目に針を入れて鎖1目分の高さに糸を引き出します（未完成の細編み2目め）。

3. さらにその隣の目からも同様に糸を引き出します（未完成の細編み3目め）。

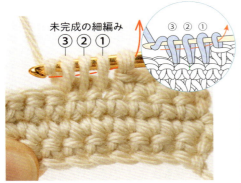

4. 未完成の細編みが3目編めました。針に糸をかけて、針にかかった4本のループを一度に引き抜きます。

5. 細編み3目一度が編めました。

Q&A

Q：未完成の編み目ってなに？

A. 最後の引き抜きをするひとつ前の、針にループが残っている状態のことを「未完成の編み目」といいます。玉編み（→P88）やクロス編み（→P106）などでも出てくるので、覚えておきましょう。

細編み

中長編み

長編み

長々編み

Lesson 2

 中長編み2目一度

 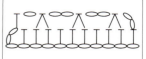

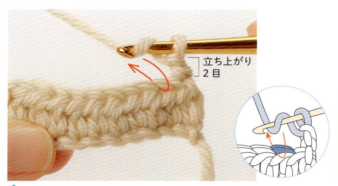

1. 針に糸をかけて、2目めに針を入れ、糸を引き出します。

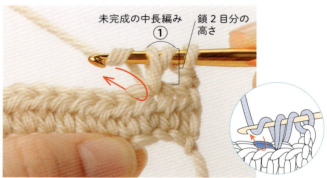

2. 引き出した糸の高さを鎖2目分にしたら（未完成の中長編み1目め）、針に糸をかけて隣の目に針を入れます。

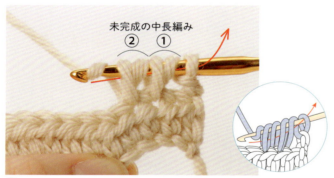

3. 再度糸を引き出して、引き出した糸の高さを鎖2目分にそろえます（未完成の中長編み2目め）。針に糸をかけ、矢印のように5本のループを一度に引き抜きます。

4. 中長編み2目一度が編めました。針に糸をかけて、鎖編みを2目編みます。

5. 針に糸をかけて1目あけた隣の目に針を入れ、1～4を再度くり返します。

6. 中長編み2目一度を編み進めたところ。

中長編み3目一度

 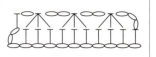

1. 針に糸をかけて、2目めに針を入れ、糸を引き出します。

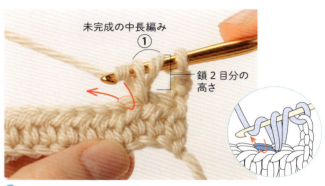

2. 引き出した糸を鎖2目分の高さにしたら（未完成の中長編み1目め）、針に糸をかけて隣の目に針を入れます。

3. 糸を鎖2目分の高さに引き出し（未完成の中長編み2目め）、さらにその次の目からも糸を引き出します（未完成の編み目3目め）。針に糸をかけて矢印のように7つのループを引き抜きます。

4. 中長編み3目一度が編めました。針に糸をかけて鎖編みを2目編みます。

5. 針に糸をかけて隣の目に針を入れ、1〜4を再度くり返します。

6. 中長編み3目一度を編み進めたところ。

長編み2目一度

 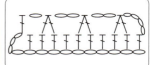

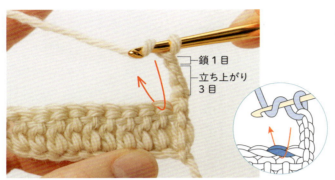

1. 針に糸をかけ、2目めに針を入れます。

2. 糸を鎖2目分の高さに引き出し、矢印のように2本のループを引き抜き、未完成の長編みを編みます。

3. 再び針に糸をかけて隣の目に針を入れ、糸を引き出します。

4. 針に糸をかけて矢印のように2本のループを引き抜き、未完成の長編みを編みます。

5. 未完成の長編みが2目になりました。針に糸をかけて針にかかっている3本のループを一度に引き抜きます。

6. 長編み2目一度が編めました。

長編み3目一度

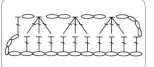

1. 針に糸をかけ、2目めに針を入れます。

2. 糸を鎖2目分の高さに引き出したら針に糸をかけ、矢印のように2本のループを引き抜きます。

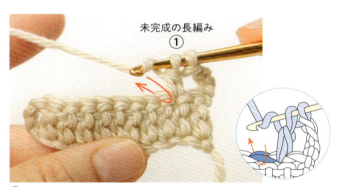

3. 未完成の長編みが1目できました。針に糸をかけて隣の目に針を入れ、未完成の長編みを編みます。

4. 未完成の長編み2目が編めました。針に糸をかけ、さらにその隣の目にも未完成の長編みを編みます。

5. 未完成の長編みが3目になりました。針に糸をかけて針にかかった4本のループを一度に引き抜きます。

6. 長編み3目一度が編めました。

Step up
端で多くの目を減らす方法

編み地の右端や左端で目をたくさん減らすときは、
次のような方法で減らします。
バッグなどの小物やウエアの肩部分などにも使いますので、覚えておきましょう。

引き抜き編み（編みはじめ）

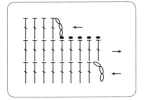  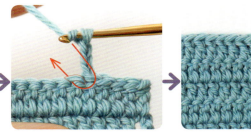

前段の目の頭の2本に針を入れ、減らし目をする数だけ引き抜き編みをします。

引き抜き編みができたら、立ち上がりの目を編み（この場合は長編みなので鎖3目）、続けて隣の目から長編みを編みます。

糸を渡す（編みはじめ）

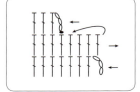  

前段の編み終わりに針にかかっている糸のループを大きく引き、その輪の中に糸玉をくぐらせてしぼります。減らし目する最後の目（4目減らすなら4目め）まで糸を渡し、引き抜き編みをします。

立ち上がりの目を編み（この場合は長編みなので鎖3目）、続けて隣の目から長編みを編みます。

編み終わりで減らす

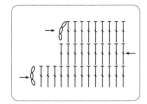  

減らしたい目の手前まで普通に編み進めます。

最後に編んだ目の上に立ち上がりの目を編み（この場合は長編みなので鎖3目）、編み地を回転させて次の段を編みます。

基本の編み目アレンジ

基本の編み目を少しアレンジする編み方を紹介します。ちょっぴり難易度はあがりますが、知っていると便利なものばかりです。

 バック細編み

【1目め】

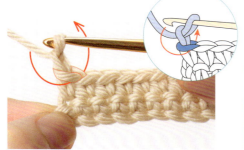

1. 立ち上がりの鎖1目を編みます。矢印の方向に針先を回転させ、前段の最後の目に針を入れます。

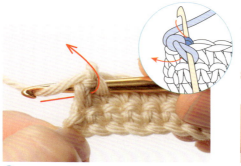

2. 糸の上から針に糸をかけ引き出します。

3. 糸を引き出したところです。

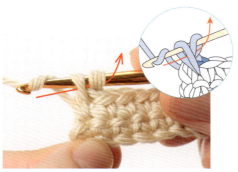

4. 針に糸をかけて針にかかっている2本のループを引き抜きます。

【2目め】

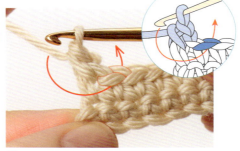

5. バック細編みが1目編めました。同じように針先を回転させ、左から2目めの頭の鎖2本に入れます。

6. 針に糸をかけて引き出すと、針に2本のループがかかります。

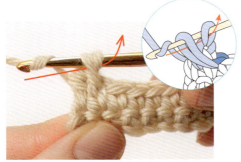

7. 再度針に糸をかけて2本のループを引き抜きます。

8. これでバック細編みが2目編めました。同じように5～7をくり返していきます。

9. バック細編みを編み進めたところです。このように左から右へと進みます。

Lesson 2

 変わりバック細編み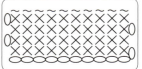

【1目め】

1. 立ち上がりの鎖1目を編んだら、矢印の方向に針先を回転させます。前段の最後の目の頭の2本を拾うように、針を手前から向こうに入れます。

2. 糸の上から針に糸をかけて、針にかかっているループも合わせて引き抜きます。

3. 立ち上がりの鎖の裏山に針を入れます。

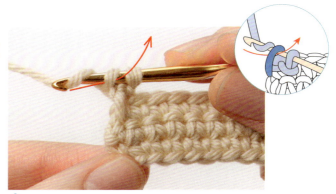

4. 針に糸をかけて糸を引き出します。

5. 糸を引き出したところです。糸をかけて矢印のように2本のループを引き抜きます。

6. 変わりバック細編みが1目編めました。

【2目め】

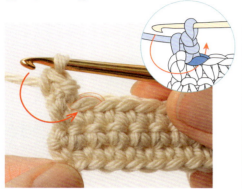

7. 矢印の方向に針先を回転させて、左から2目めの頭に針を入れます。

8. 針を入れようとしているところ。

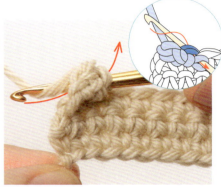

9. 針に糸をかけて糸を引き出し、もともと針にかかっていたループも一緒に引き抜きます。

10. 1目戻り、印の部分に針を入れます。

11. 針に糸をかけて矢印のように糸を引き出します。

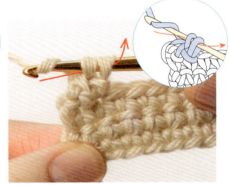

12. もう一度針に糸をかけて、針にかかった2本のループを引き抜きます。

13. 変わりバック細編みが2目編めました。

14. 同じように8〜13をくり返して変わりバック細編みを編み進めます。バック細編みよりもふっくらとした仕上がりになります。

Lesson 2

 細編みのうね編み

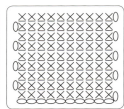

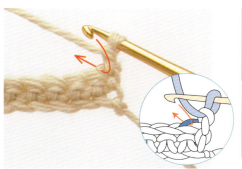

1. 2段めの立ち上がりの鎖編み1目を編んだ状態です。前段の1目めの頭の向こう半目に針を入れます。

2. 針を入れたところ。

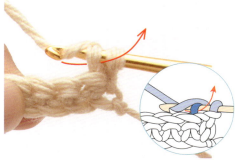

3. 針に糸をかけて、矢印のように糸を引き出します。

4. 引き出したところです。

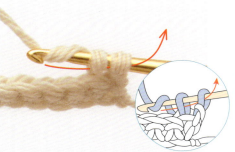

5. 針先に糸をかけて矢印のように2本のループを引き抜きます。

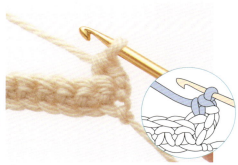

6. 細編みのうね編みが1目編めました。

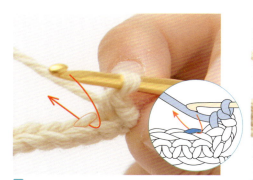

7. 次の目も前段頭の向こう半目を拾って細編みを編みます。

8. 細編みのうね編みが2目編めました。同様にして段の最後まで前段の頭向こう半目を拾って、うね編みを編み進めます。

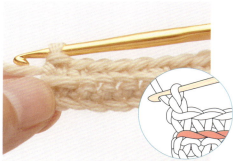

9. 細編みのうね編みが1段編めました。頭の向こう半目を拾っているので、手前半目が残り、すじが出ているのがわかります。

10. 次の段も、前段の頭の向こう半目を拾って細編みを編んでいきます。

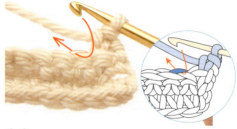

11. うね編みを1目編んだところです。向こう半目を拾いながらこの段を編み進めていきます。

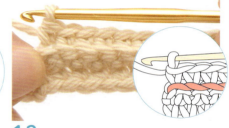

12. うね編みが2段編み終わりました。前段のすじは裏側に出ているので、この段のすじだけが見えています。常に前段の目の頭の向こう半目を拾うとうね編みが編めます。

Lesson 2 ✕ 細編みのうね編み

Step up
うね編みとすじ編みの違い

うね編み	名称	すじ編み
表裏関係なく、常に前段の目の頭の鎖の向こう半目を拾って編む。	編み方	すじが表に出るように、表を編むときは前段の目の頭の鎖の向こう半目を、裏を編むときは鎖の手前半目を拾って編む。輪編みの場合は常に鎖の向こう半目を拾う。
表と裏に交互にすじが出る。	特徴	毎段表にすじが出る。
	編み上がり	

Lesson 2

 細編みのすじ編み（平編み）

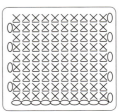

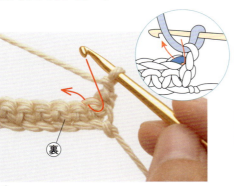

1. 2段めの立ち上がりの鎖編み1目を編んだら、向こう（表）側にすじが出るように、頭の手前半目に針を入れます。

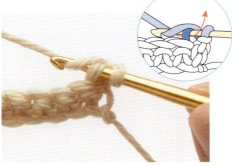

2. 糸を引き出し、1目めの細編みを編みます。

3. 細編みのすじ編みを1目編んだところです。

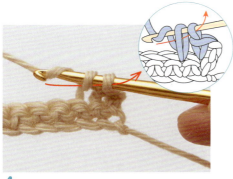

4. 2目めも手前半目に針を入れて糸を引き出し、針に糸をかけて2本のループを引き抜いて細編みを編みます。

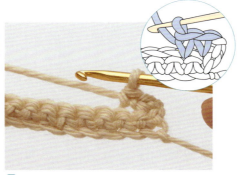

5. 細編みのすじ編みが2目編めました。同じようにして手前半目を拾いながら編み進めます。

6. 細編みのすじ編みが1段編めました。すじは向こう側に出ているので見えません。

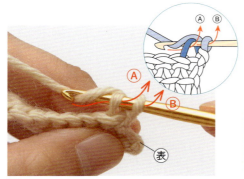

7. 次の段は前段の頭の向こう半目に針を入れて、手前（表）側にすじが出るように編んでいきます。

8. 細編みのすじ編みが1目編めました。偶数段（裏）は手前半目、奇数段（表）は向こう半目を拾うようにします。

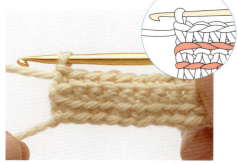

9. 細編みのすじ編み（平編み）が2段編めました。表側にすじが2本できているのがわかります。

細編みのすじ編み（輪編み）

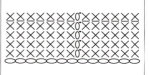

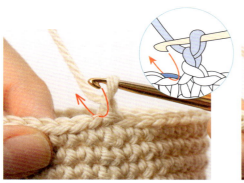

1. 立ち上がりの鎖1目を編み、1目めの目の前段の頭向こう半目に針を入れます。

2. 針に糸をかけて、矢印のように引き出します。

3. 再び針に糸をかけて、2本のループを引き抜きます。

4. すじ編みが1目編めました。

5. 次の目も頭の向こう半目を拾って細編みを編みます。

6. すじ編みが2目編めたところです。同じように頭の向こう半目を拾いながら、この段を編み進めます。

7. 最後の目の頭の向こう半目を拾って、細編みを編みます。

8. 1目めの頭の2本に針を入れて、糸をかけて引き抜きます。

9. 引き抜いたところです。1〜8をくり返して次の段以降も編み続けると、筒の外側に毎段すじが出ます。

Lesson 2

玉編み

同じ目に複数の目を編み入れ、減らし目をするように針にかかっている未完成の目を一度に引き抜くとふっくらした玉編みができます。

中長編み3目の玉編み（目に編み入れる）

 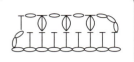

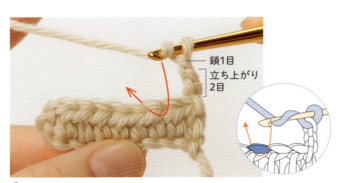

1. 針に糸をかけて3目めの頭の2本に針を入れたら、針に糸をかけて未完成の中長編みを編みます。

2. 未完成の中長編みが1目できました。再度針に糸をかけて同じ目に針を入れ、針に糸をかけて引き出します。

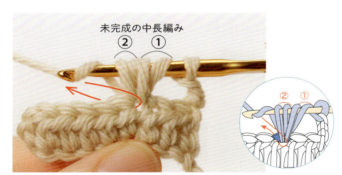

3. 未完成の中長編みが2目できました。さらに針に糸をかけて同じ目に針を入れ、針に糸をかけて引き出します。

4. 未完成の中長編みが3目できました。針に糸をかけて、針にかかっている7本のループを一度に引き抜きます。

5. 中長編み3目の玉編みが1目編めました。針に糸をかけて次の目の鎖編みを1目編みます。こうすることで玉編みの頭が引き締まって安定します。

6. 玉編みの頭の目は、玉編みの部分から少し右にずれます。

中長編み3目の玉編み（束に編む）

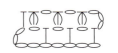

1. 針に糸をかけて前段の鎖編みの下の空間に針を入れ、鎖編みの部分を編みくるむようにして未完成の中長編みを編みます。

2. 未完成の中長編みが1目できました。再度針に糸をかけて同じ空間に針を入れ、針に糸をかけて引き出します

3. 未完成の中長編みが2目できました。さらに針に糸をかけて同じ空間に針を入れ、針に糸をかけて引き出します。

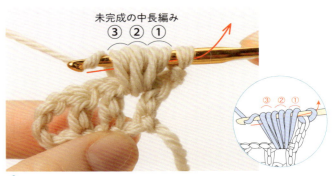

4. これで未完成の中長編みが3目編めました。再度針に糸をかけて針にかかっている7本のループを一度に引き抜きます。

5. 中長編み3目の玉編みが1目編めました。

6. 針に糸をかけて次の目の鎖編みを1目編みます。こうすることで玉編みの頭が引き締まって安定します。

長編み3目の玉編み（目に編み入れる）

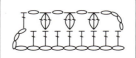

1. 針に糸をかけて3目めの頭の2本に針を入れ、針に糸をかけて引き出します。

2. 針に糸をかけて矢印のように2本のループを引き抜きます。

3. 未完成の長編みが1目編めました。針に糸をかけて同じ目に未完成の長編みをもう2目編み入れます。

4. 未完成の長編み3目ができました。針に糸をかけ、針にかかっている4本のループを一度に引き抜きます。

5. 長編み3目の玉編みができました。

【束に編む】

長編み5目の玉編み
（目に編み入れる）

 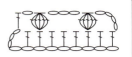

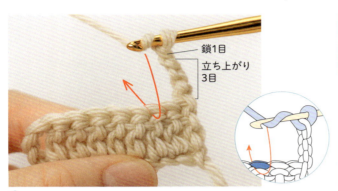

1. 針に糸をかけて3目めの頭の2本に針を入れ、未完成の長編みを1目編みます。

2. 針に糸をかけて、続けて同じ目に未完成の長編みを4目編み入れます。

3. 未完成の長編みが5目編めました。針に糸をかけて針にかかった6本のループを引き抜きます。

4. 長編み5目の玉編みが1目編めました。

【束に編む】

変わり中長編み 3目の玉編み

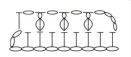

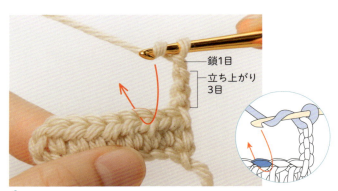

1. 針に糸をかけて3目めの頭の2本に針を入れ、再度針に糸をかけて引き出します。

2. 未完成の中長編みが1目編めました。また針に糸をかけて同じ目に未完成の中長編みを2目編み入れます。

3. 未完成の中長編みが3目編めました。針に糸をかけ、この未完成の中長編み3目の6本のループを引き抜きます。

4. 再度針に糸をかけ、針にかかっている残り2本のループを引き抜きます。

5. 変わり中長編み3目玉編みが編めました。

【束に編む】

長編み2目の玉編み2目一度

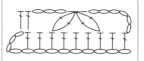

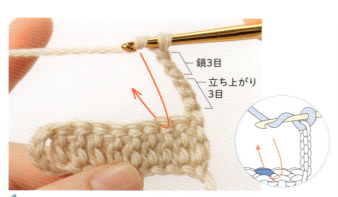

1. 針に糸をかけ、3目めに未完成の長編みを編みます。

鎖3目
立ち上がり3目

未完成の長編み ①

2. 同じ目にもう1目未完成の長編みを編み入れます。

未完成の長編み ② ①

3. 未完成の長編みを2目針にかけたまま、針に糸をかけて、3目あけた隣の目に未完成の長編みを1目編みます。

未完成の長編み ③ ② ①

4. 同じ目に未完成の長編みをもう1目編み入れます。

未完成の長編み ④ ③ ② ①

5. 未完成の長編みが4目編めたところです。針に糸をかけて、針にかかっている5本のループを一度に引き抜きます。

6. 長編み2目の玉編み2目一度が編めました。

Lesson 2 パプコーン編み

同じ目に複数の目を編み入れ、針にかかっている目を一度に引き抜くのは玉編みと同じですが、一度針を外してから入れ直して引き抜くのが特徴。玉編みよりも立体的になります。

中長編み5目のパプコーン編み

 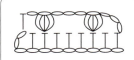

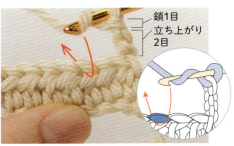

1. 針に糸をかけて3目めに中長編みを5目編み入れます。

鎖1目 立ち上がり2目

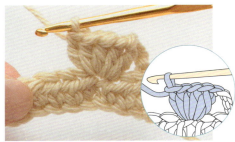

2. 中長編み5目が編めたところです。

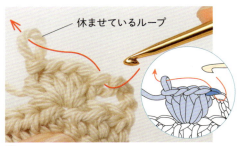

3. 針を一度外し（ループを休ませる）、1目めの中長編みの頭に改めて針を手前から入れ、休ませているループに針を入れます。

休ませているループ

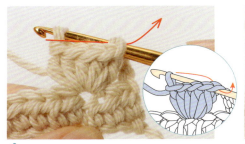

4. 矢印のように針を動かし、ループを引き抜きます。

5. 中長編み5目がまとまって手前にふくらみます。パプコーンの頭になる鎖編みを1目編みます。

6. 中長編み5目のパプコーン編みが1目編めました。

【裏で編む】

パプコーンを裏で編むときは、針を入れる方向が逆になるので注意しましょう。

1. 中長編み5目が編めたら針を外し、中長編み1目めの頭に向こうから針を入れ、休ませているループに針を入れます。

2. そのまま糸を引き抜いてきたところ。鎖1目を編めば、中長編み5目の裏パプコーン編みのできあがり。（イラストは鎖1目を編んだ状態）

【束に編む】

目に編み入れずに束に編んだところ。目の足元が少し横に広がったような感じです。

長編み5目の パプコーン編み

 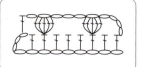

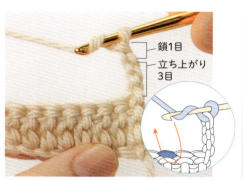

1. 針に糸をかけて3目めに長編みを5目編み入れていきます。

2. 長編み5目が編めたところです。

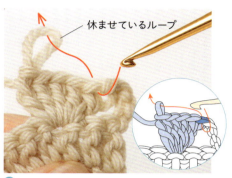

3. 針を一度外し、1目めの長編みの頭に改めて針を手前から入れ、休ませているループに針を入れます。

4. 矢印のように針を動かし、ループを引き抜きます。

5. 長編み5目がまとまって手前にふくらみます。パプコーンの頭になる鎖編みを1目編みます。

6. 長編み5目のパプコーン編みが1目編めました。

【裏で編む】

1. 長編み5目が編めたら針を外し、長編み1目めの頭に向こうから針を入れ、休ませている最後のループに針を入れます。

2. そのまま糸を引き抜いてきたところ。鎖1目を編めば、長編み5目の裏パプコーン編みのできあがり。(イラストは鎖1目を編んだ状態)

 【束に編む】

Lesson 2 　長編み5目のパプコーン編み

つまずきポイント

玉編みとパプコーンの違い

複数の目が集まってふっくらと仕上がるの玉編みとパプコーンは、つい混同してしまう編み方。それぞれの特徴と編み方を比べてみましょう。

玉編み	名称	パプコーン編み
 （記号の図）	記号	 （記号の図）
表／裏 　表は編み入れた目が横に並んでキュッと集まったような形。裏側が少しふくらみます。 	見た目	表／裏 　表は立体的に大きくふくらみます。裏には空洞ができます。 
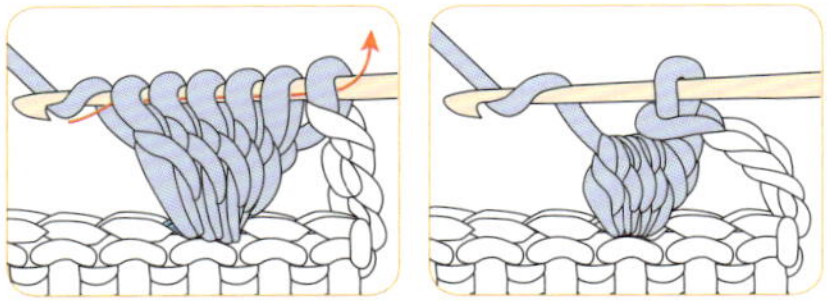 未完成の長編み5目を編み、最後に針に糸をかけて一度に引き抜きます。	編み方 表	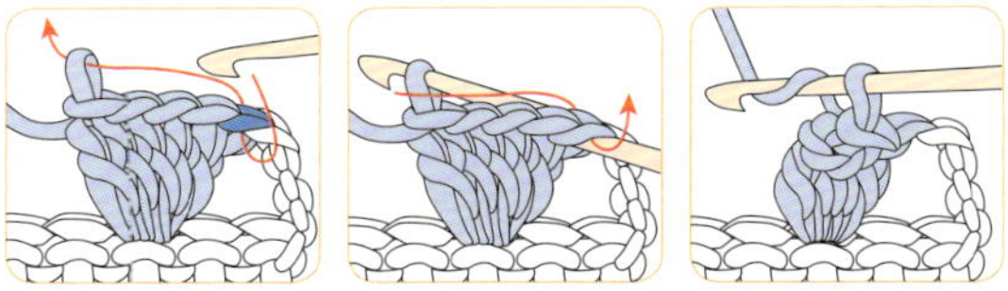 長編みを5目編み入れたら、針を一度外して最初の目の頭に針を入れ、休ませているループに針を入れて引き抜きます。その後鎖編みを1目編んで引き締めます。
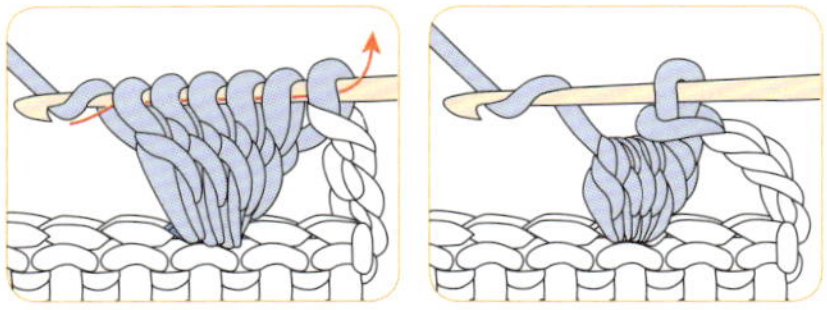 編み地の裏で玉編みを編むときも、編み方は表と同じです。	編み方 裏	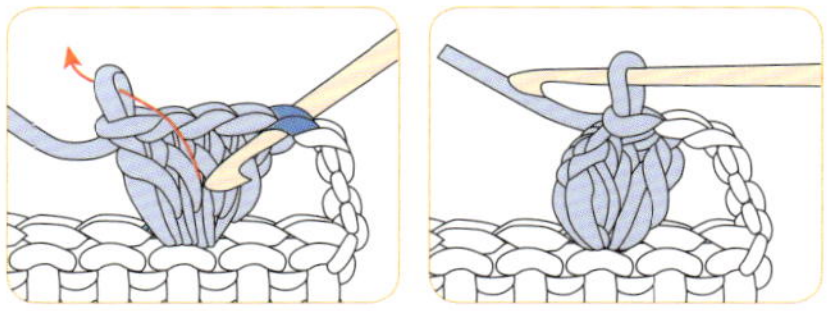 編み地の裏で編むときは、針を外して入れるときの方向が逆（向こうから手前）になります。
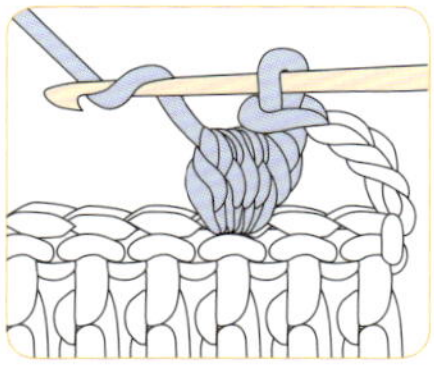 （完成図）	完成	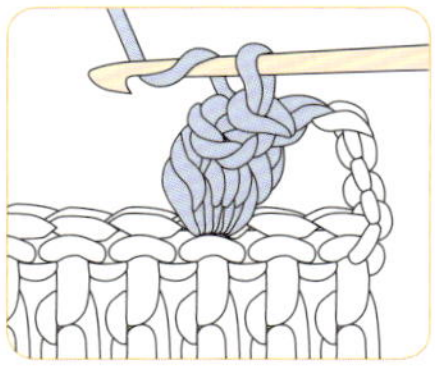 （完成図）

引きあげ編み

かぎ針で立体的に編むときに使う引きあげ編みは、表と裏で編み方が違います。棒針で編むような立体模様が出せます。

細編みの表引きあげ編み

1. 矢印のように前段の細編みの足に手前から針を入れ、足元まるごとすくうように手前に出します。

2. 針が通ったところです。

3. 糸をかけてそのまま糸を引き出します。

4. ほかの細編みと高さをそろえるために長めに引き出し、針に糸をかけて矢印のように糸を引き抜きます。

少し長めに引き出す

5. 細編みの表引きあげ編みが1目編めました。手前に立体的な目になっています。

細編みの裏引きあげ編み

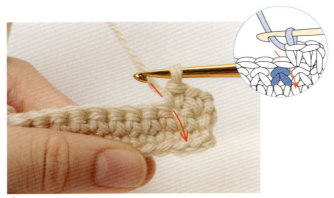

1. 矢印のように前段の細編みの足に向こう側から針を入れます。

2. 再度向こう側に針を出します。

3. 針に糸をかけ、向こう側に糸を引き出します。

少し長めに引き出す

4. ほかの細編みと高さをそろえるために、長めに引き出し、針に糸をかけて、矢印のように2本のループを引き抜きます。

5. 細編みの裏引きあげ編みが1目編めました。向こう側が立体的な目になっています。

Step up

立体的な編み目を作れる引きあげ編み

引きあげ編みとは?　引きあげ編みは、編み目記号の「かぎ状のマーク」がかけられている目に、手前もしくは向こう側から針を入れて立体的な模様を編む編み方です。棒針で編むような立体模様が編めるので、かぎ針編みの幅が広がります。ゴム編みのような編み目も編むことができます。

表引きあげ編み

表引きあげ編みを編むと、編んでいる手前に飛び出すような編み地になります。

裏引きあげ編み

裏引きあげ編みを編むと、編んでいる向こう側に飛び出すような編み地になります。

引きあげ編みの表と裏ってなに?　かぎ模様が右から左にかかっていれば「表引きあげ編み」、左から右なら「裏引きあげ編み」になります。
引きあげ編みで注意が必要なのが「編み図の見方」。編み図は基本的に表から見た編み方で書かれているので、「表から見たときにどう見えるか」を考えて編みましょう。

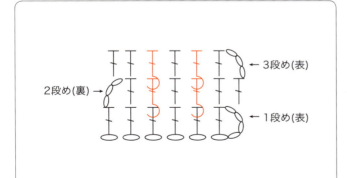

例えば左のような編み図の場合、2段めは裏の編み地を見ながら編むので、表から見たとき、表引きあげ編みに見えるように、実際は「裏引きあげ編み」で編みます。次に3段めは表の編み地を見ながら編むので、そのまま「表引きあげ編み」で編むということです。

ポイント　表引きあげ編みをひっくり返して見ると裏引きあげ編みになっていて、裏引きあげ編みをひっくり返して見ると表引きあげ編みになります。

中長編みの表引きあげ編み

 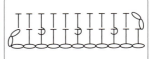

1. 針に糸をかけ、矢印のように前段の中長編みの足に手前から針を入れ、足をまるごとすくうように手前に出します。

2. 針が通ったところです。

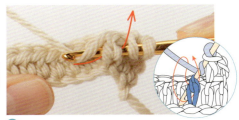

3. 糸をかけてそのまま糸を引き出します。

4. ほかの中長編みと高さをそろえるために、長めに引き出し、針に糸をかけ、矢印のように3本のループを引き抜きます。

5. 中長編みの表引きあげ編みが1目編めました。手前に立体的な目になっています。

中長編みの裏引きあげ編み

 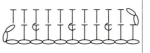

1. 針に糸をかけ、矢印のように前段の中長編みの足に向こう側から針を入れます。

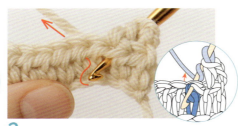

2. 裏引きあげ編みのときは、針を向こう側から入れ、再度向こう側に出します。

3. 針が通ったところです。

4. 針に糸をかけ、糸を向こう側に引き出します。

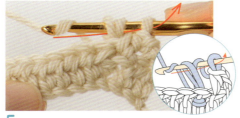

5. ほかの中長編みとそろえるために長めに糸を引き出し、針に糸をかけて3本のループを引き抜きます。

6. 中長編みの裏引きあげ編みが1目編めました。向こう側に立体的な目になっています。

長編みの表引きあげ編み

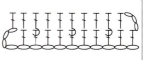

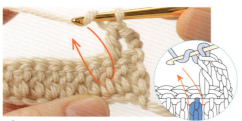

1. 針に糸をかけ、矢印のように前段の長編みの足に向こう側から針を入れ、足をまるごとすくうように手前に出します。

2. 針が通ったところです。

3. 糸をかけてそのまま糸を引き出します。

4. ほかの長編みと高さをそろえるために、長めに引き出し、針に糸をかけて長編みを編みます。

5. 長編みの表引きあげ編みが1目編めました。手前に立体的な目になっています。

長編みの裏引きあげ編み

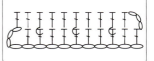

1. 針に糸をかけ、矢印のように前段の長編みの足に向こう側から針を入れます。

2. 裏引きあげ編みのときは、針を向こう側から入れ、再度向こう側に出します。

3. 針が通ったところです。針に糸をかけてそのまま引き出します。

4. ほかの長編みと高さをそろえるために、長めに引き出し、針に糸をかけて長編みを編みます。

5. 長編みの裏引きあげ編みが1目編めました。向こう側に立体的な目になっています。

Lesson 2

交差編み

交差するときに先に編んだ目をくるむようにして交差させる編み方です。表も裏も同じ方向に交差させるので、できあがった編み地を表から見ると、各段の交差が逆になります。

中長編み1目交差 / 長編み1目交差

中長編み1目交差

 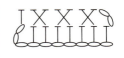

1. 針に糸をかけ、1目あけて隣の目に針を入れて引き出します。

2. 針に糸をかけてループ3本を引き抜き、中長編みを1目編みます。

3. 針に糸をかけて1であけた目に針を入れ、糸をかけて先に編んだ中長編みをくるむように引き出します。

4. 再び針に糸をかけて矢印のように3本のループを引き抜き、中長編みを編みます。

5. 中長編み1目交差が編めました。

長編み1目交差

 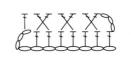

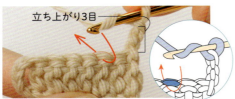

1. 針に糸をかけ、1目あけて隣の目に長編みを編みます。

2. 針に糸をかけて1であけた目に針を入れ、糸をかけて先に編んだ長編みをくるむように引き出します。

3. 針に糸をかけ、矢印のように2本のループを引き抜きます。

4. さらに針に糸をかけ、矢印のように2本のループを引き抜き、長編みを編みます。

5. 長編みの1目交差が編めました。

長編み 1目と2目の交差

 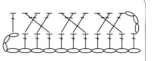

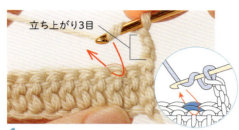

1. 針に糸をかけ、1目あけて隣の目に長編みを編みます。

2. 針に糸をかけ、その隣にもう1目長編みを編みます。

3. 長編みが2目編めました。針に糸をかけたら1であけた目に針を入れ、糸をかけて長編み2目をくるむように引き出します。

4. 針に糸をかけ、長編みを編みます。

5. 長編み1目と2目の交差が編めました。

長編み 2目と1目の交差

  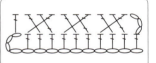

1. 針に糸をかけ、2目あけて隣の目に長編みを編みます。

2. 針に糸をかけて1であけた2目の右側の目に針を入れ、糸をかけて編みくるむようにして引き出します。

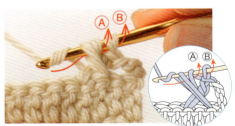

3. 針に糸をかけ、長編みを編みます。

4. 針に糸をかけ、1であけたもうひとつの目に長編みを編みます。糸を引き出すときは同じように最初の長編みを編みくるむようにします。

5. 長編み2目と1目の交差が編めました。

変わり長編み 左上1目交差

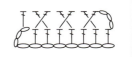

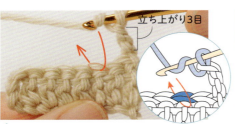

1. 針に糸をかけ、1目あけて針を入れ、長編みを編みます。

立ち上がり3目

2. 針に糸をかけ、1であけた目に針を先に編んだ長編みの向こう側を通って入れます。

ポイント
左上交差のときは、引き出す糸が最初に編んだ長編みの向こう側を通るようにしましょう。

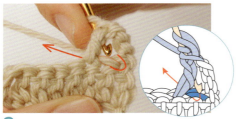

3. 針を入れているところ。針を入れたら糸を引き出します。

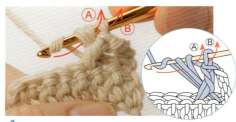

4. 針に糸をかけて、1の長編みの後ろで長編みを編みます。

5. 変わり長編み左上1目交差が編めました。

変わり長編み 右上1目交差

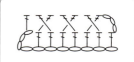

1. 針に糸をかけ、1目あけて針を入れ、長編みを編みます。

立ち上がり3目

2. 針に糸をかけ、1であけた目に針を先に編んだ長編みの前を通って入れ、糸を引き出します。

ポイント
右上交差のときは、引き出す糸が最初に編んだ長編みの手前を通るようにしましょう。

3. 針に糸をかけ、矢印のように2本のループを引き抜きます。

4. 針に糸をかけ、矢印のように1の長編みの前で長編みを編みます。

5. 変わり長編み右上1目交差が編めました。

Q&A

Q:「交差編み」と「変わり交差編み」ってどう違うの？

A. どちらも編み方に表裏の区別はありませんが、
交差編みは先に編んである目を編みくるんで編むため、
表から見たときに1段ごとに交差する方向が逆になります（平編みの場合）。
変わり交差編みは先に編んである目を編みくるまずに交差させるので、
交差の方向は1段めも2段めもいつも同じになります。

交差編み

 編み目記号は
クロスしています。

**先に編んだ目を編みくるむので
偶数段と奇数段では重なり方が逆になる！**

 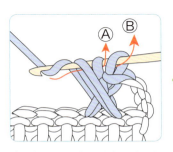 

先に編んだ長編みを編みくるむようにして糸を引き出します。

左側の長編みの上に重なった状態。編みくるんでいるので、裏は左側の目が上に重なります。

変わり交差編み

 編み目記号は
下になる目が
切れています。

**編みくるまずに重ねて交差させるので、
重なり方は常に同じ！**

 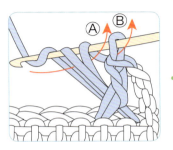 

先に編んだ目の後ろもしくは前を通って目を引き出します。

右側の長編みが上に重なります。編みくるんでいないので、裏も表も常に左側の長編みが上に重なった状態です。

Lesson 2

クロス編み

編み目が重ならずに平面でクロスする、交差編みや変わり交差編みとは違う編み方です。途中までは2目一度のように編んで、そのあと交差部分に2目編み入れるように編みます。

 長編みのクロス編み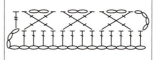

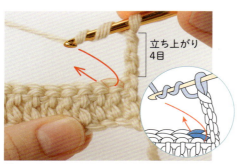

1. 針に2回糸をかけ、2目めに針を入れ、糸を引き出します。

2. 針に糸をかけ、矢印のように2本のループを引き出します。

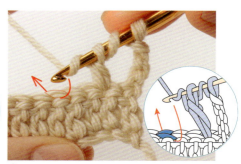

3. 針に未完成の長編みを残した状態で、再び針に糸をかけ2目あけた隣の目に未完成の長編みをもう1目編みます。

4. 未完成の長編みが2目編めました。針に糸をかけて矢印のように2本のループを引き抜き、未完成の長編みをひとつにまとめます。

5. また針に糸をかけて矢印Ⓐのように2本のループを引き抜き、さらに糸をかけ矢印Ⓑのように2本のループを引き抜き、長編みを編みます。

6. 鎖2目を編んだら、針に糸をかけて矢印のように針を入れ、さらに針に糸をかけて糸を引き出します。

7. 再び針に糸をかけ、矢印Ⓐ、Ⓑの順で引き抜き、長編みを編みます。

8. 長編みのクロス編みが1目編めました。

Y字編み

クロス編みで使ったテクニックを応用して、Y字や逆Y字に見える模様を編みます。

 Y字編み

 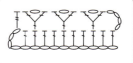

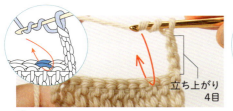

1. 針に2回糸をかけ、端から3目めに針を入れて糸を引き出します。

2. 針に糸をかけ、長々編みを編みます。

3. 長々編みが1目編めました。鎖を1目編んだら再び針に糸をかけ、矢印のように糸2本に針を入れて糸を引き出します。

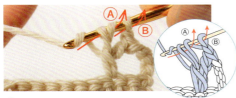

4. 針に糸をかけて矢印Ⓐ、Ⓑの順で2本ずつループを引き出し、長編みを編みます。

5. Y字編みが1目編めました。

 逆Y字編み

 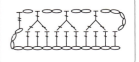

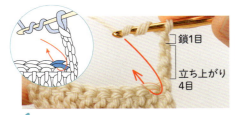

1. 針に2回糸をかけ、2目めに針を入れて糸を引き出します。未完成の長編みを編みます。

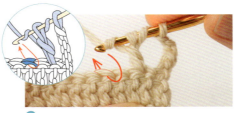

2. 針に糸をかけ、1目あけた隣にもう1目未完成の長編みを編みます。

3. 未完成の長編みが針に2目かかっている状態です。針に糸をかけ、矢印のように2本のループを引き抜きます。

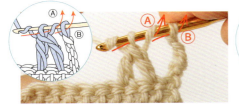

4. 再び針に糸をかけ、長編みの要領で矢印Ⓐ、Ⓑの順にそれぞれ2本のループを引き抜きます。

5. 逆Y字編みが1目編めました。

ピコット

鎖編みと引き抜き編みを使ってコロンとした飾りをつくるピコット。鎖3目のピコットが多いですが鎖5目などで大きなピコットをつくることも。縁編みやブレードには欠かせない編み方です。

鎖3目のピコット（細編みに編む）

 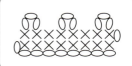

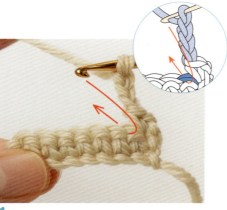
1. 鎖3目を編んだら、隣の目に針を入れます。

2. 糸を引き出し、細編みを編みます。

3. 鎖3目のピコットがひとつ編めました。

鎖3目の引き抜きピコット（細編みに編む）

 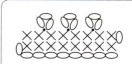

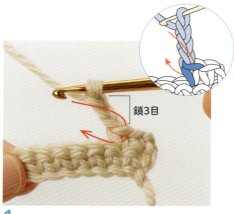
1. 鎖3目を編み、細編みの頭の手前半目と足の1本に矢印のように針を入れます。

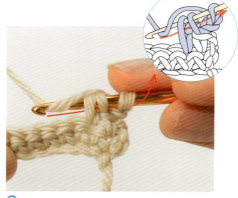
2. 針に糸をかけて矢印のように3本のループを引き抜きます。

3. 鎖3目の引き抜きピコットがひとつ編めました。

鎖3目の引き抜きピコット（鎖編みに編む）

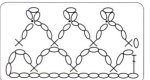 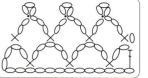

Lesson 2

鎖3目の引き抜きピコット（鎖編みに編む）

1. 鎖3目を編み、続けてピコットの鎖3目を編みます。鎖3目めの鎖半目と裏山に針を入れます。

2. 針を入れたら、糸をかけて矢印のように3本のループを引き抜きます。

3. 鎖編みに編む鎖3目のピコットがひとつ編めました。続けて鎖2目を編みます。

4. 前段の鎖編みを束に拾うように細編みを編みます。

5. 細編みが編めました。1〜4をくり返し、鎖編みに編む鎖3目の引き抜きピコットを編み進めます。

Lesson 2

飾り編み

玉編みや松編みをアレンジしたり、長編みや鎖編みと組み合わせたりしてさまざまな模様を編み込む飾り編み。編み地に使えばかわいらしい模様になり、縁編みとしても重宝します。

中長編み 玉編みの飾り編み

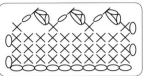

1. 立ち上がりの鎖1目を編み、前段の1目めに細編みを編みます。続けて鎖編みを2目編んで、針に糸をかけ、細編みの足の左側の2本に針を入れ、糸をかけて引き出します（未完成の中長編み）。

2. 同じところにもう1目未完成の中長編みを編みます。針には未完成の中長編みが2目かかった状態です。針に糸をかけ、矢印のように一度に5本のループを引き抜きます。

3. 鎖1目を編んで玉編みの頭を引き締めます。

4. 2目あけて細編みを1目編みます。

5. 1（鎖編み2目を編む以降）～4をくり返し編み進めていきます。

6. さらに1（鎖編み2目を編む以降）～4をくり返し、1段編み終わりました。

長編みの飾り編み

 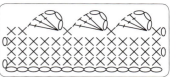

 長編みの飾り編み

Lesson 2

1. 立ち上がりの鎖1目を編み、1目めに細編みを編みます。

2. 続けて鎖編みを3目編んで針に糸をかけ、細編みと同じ目に針を入れて長編みを1目編みます。

3. さらに同じ目に長編みを2目編み入れます。

4. 長編み3目編み入れました。3目あけて隣の目に針を入れて細編みを編みます。

5. 長編みが固定され、模様がひとつ編めました。

6. 2〜5をくり返して編み進めていきます。

Lesson 2

 細編みのリング編み

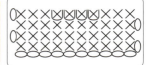

1. リング編みを編む前のタイミングで、左手の中指を糸の上に置き、編み地の向こう側で矢印の方向に下げます。

2. 左手中指で糸を押さえたまま前段の細編みの頭鎖2目に針を入れ、写真のように針に糸をかけて糸を引き出します。※針を入れたところが見やすいように上から見ています。

3. 針に糸をかけ、矢印のように糸を引き抜き、細編みを編みます。

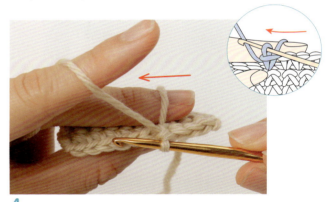

4. 糸を押さえていた左手中指を引き抜きます。

5. 細編みのリング編みが1目編めました。編み地の向こう側に、指で押さえていた部分の糸がリングのように残ります。押さえた糸の長さが、リングの大きさになります。

6. 1〜4をくり返すと細編みのリング編みが編めます。リング編みは編み地の向こう側にできます（写真は編み地の裏側から見たところ）。

長編みのリング編み

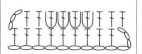

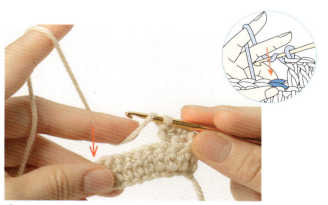

1. 針に糸をかけたら、左手中指を糸の上に置き、編み地の向こう側で矢印の方向に下げます。

2. 左手中指で糸を押さえたまま、前段の長編みの頭の鎖2本に針を入れ、写真のように針に糸をかけて糸を引き出します。※針を入れたところが見やすいように上から見ています。

3. 針に糸をかけ、長編みを編みます。まだ左手中指は糸を押さえたままの状態です。

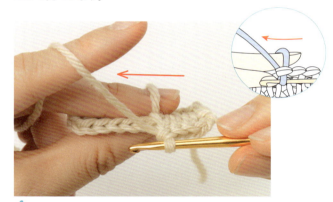

4. 糸を押さえていた左手中指を引き抜きます。

5. 編み地の向こう側に、指で押さえていた部分の糸がリングのように残ります。押さえた糸の長さが、リングの大きさになります。

6. 1〜4をくり返すとリング編みが編めます。リング編みは編み地の向こう側にできます（写真は編み地を裏側から見たところ）。

113

七宝編み（しっぽうあみ）

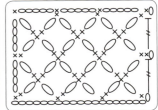

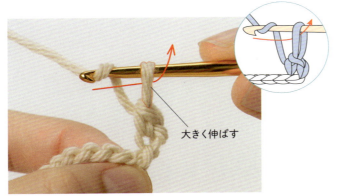

1. 鎖のつくり目をしたら、立ち上がりの鎖1目を編み、細編みを1目編みます。針にかかっているループを大きく伸ばして鎖編みを1目編みます。

（大きく伸ばす）

2. 大きく伸ばした目の裏山に針を入れます。

（大きく伸ばした目）

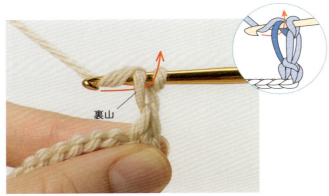

3. 針に糸をかけて引き出します。

（裏山）

4. 糸を引き出したところです。さらに針に糸をかけて、針にかかった2本のループを引き抜きます（細編み）。

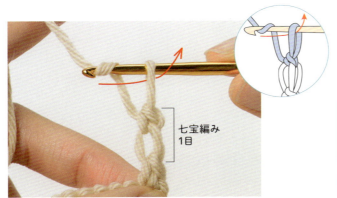

5. 七宝編みが1目編めました。続けて2目めを編んでいきます。針にかかったループを大きく伸ばし、鎖編みを1目編みます。

（七宝編み1目）

6. 大きく伸ばした目の裏山に針を入れ、糸を引き出したら、細編みを編みます。

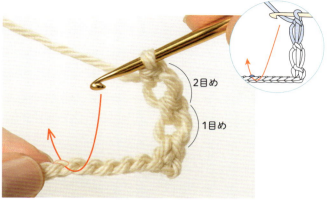

7. 七宝編みが2目編めました。2目編んだら、5目あけて6目めに細編みを編みます（この場合は裏山を拾います）。

8. 七宝編み2目を固定しました。また1〜6のように七宝編み2目を編みます。

9. 七宝編み2目編めたところです。続けて鎖6目めに細編みを編みます。

10. 細編みを編んで七宝編みを固定しました。1〜7をくり返して段の最後まで編んだら、最後のつくり目の鎖に細編みを1目編みます。

11. 立ち上がりの鎖編み4目を編んで編み地を回転させます。七宝編み1目を編んで、前段の七宝編み中央の細編みの頭2本に針を入れ、細編みを編みます。

12. 七宝編みを2目編み、前段の七宝編み中央の細編みの頭2本に針を入れ、細編みを編みます。これをくり返して編み図を見ながら編み進めます。

Lesson 2

ビーズを編み入れる

プラスαの編み方

基本的な編み方をマスターしたら、ここで紹介するプラスαの編み方にも挑戦してみましょう。つくれる作品の幅がグンと広がって、かぎ針編みがもっと好きになりますよ！

ビーズを編み入れる

ビーズが編み込まれているだけで、同じ編み地でもゴージャスな雰囲気に。編み方の指示にあるビーズの数よりも少し多めに糸に通しておき、編み入れます。

【束のビーズを通す方法】

大量のビーズを使うときは、糸通しされたビーズが便利。

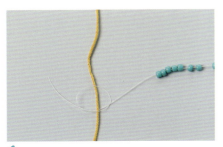

1. 毛糸にビーズの糸を結びつけ、引き締めます。

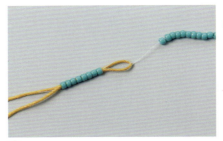

2. ビーズの糸を結びつけた部分で毛糸を折り曲げ、ビーズを毛糸に移動させます。

ボンドでもOK

ビーズの穴が小さい場合は、毛糸とビーズの糸をボンドでつなぎ合わせてもOK。

【バラのビーズを通す方法】

糸に通っていないバラのビーズはひとつひとつを毛糸に通します。ビーズを小さな器に移してから通すと簡単。

〈針を使う〉

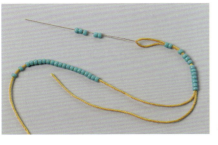

ビーズ通し用の針で、ビーズをすくって通していきます。

〈ボンドを使う〉

針がないときは毛糸の先をボンドで固めて、針のように使ってビーズを通すこともできます。

【ビーズを編み入れる方法】

編みはじめる前に必要数のビーズを通して（少し多めがおすすめです）、糸を引き抜くタイミングで手元にたぐり寄せ、編み入れていくだけ。ビーズは編み地の向こう側に出るので、表に出すときは裏側で編むようにしましょう。

〈鎖編み〉

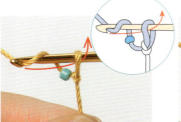

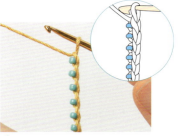

1. 針に糸をかける前に、ビーズを引き寄せておきます。

2. 針に糸をかけて鎖を編みます。このときに目がゆるまないように注意します。

3. ビーズを編み入れた鎖編みが1目できました。

4. 何目か編んだところです。鎖の裏山のところにビーズが並びます。

Lesson 2 ビーズを編み入れる

〈細編み〉

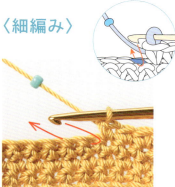
1. 前段の目に針を入れて糸を引き出します。

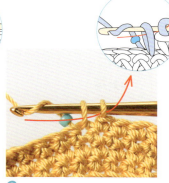
2. ビーズを引き寄せて、針に糸をかけます。矢印のようにループを引き抜きます。

3. ビーズを編み入れた細編みが1目できました。

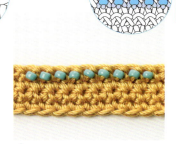
4. 9目編んだところです。編んだ裏側にビーズが並びます。※写真は裏側から見たところ。

〈長編みの上部分に編み入れる〉

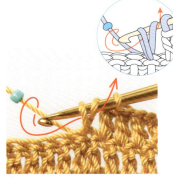
1. 未完成の長編み（→P75）を編みます。

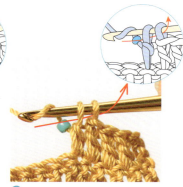
2. ビーズを引き寄せて針に糸をかけ、2本のループを引き抜きます。

3. 長編みの上部分に編み入れました。

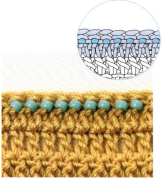
4. 9目編んだところです。長編みの上の部分にビーズが並んでいます。※写真は裏側から見たところ。

〈長編みの上下に編み入れる〉

1. 針に糸をかけ、前段の目を拾い、糸を引き出したところでビーズを1個引き寄せます。

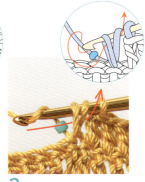
2. 糸をかけて最初の2本のループを引き抜きます。

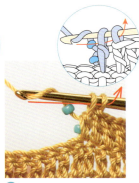
3. 次のビーズ1個を引き寄せて針に糸をかけ、2本のループを引き抜きます。

4. これで長編みの上下にビーズを編み入れました。

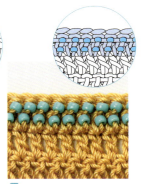
5. 編み進めたところです。長編みの上と下にビーズが並んでいます。※写真は裏側から見たところ。

| Lesson 2 | ネット編み

 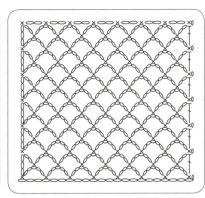

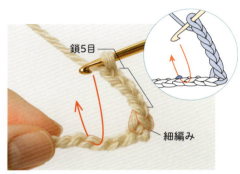

1. 立ち上がりの鎖1目を編んだら1目めに細編みを編み、続けて鎖を5目編みます。2目あけて、3目めの裏山に針を入れます。

2. 細編みを編みます。つくり目から拾うときは裏山を拾います。「鎖を5目編んで2目あけて3目めに細編みを編む」を端までくり返します。

3. 端の目には細編みを編みます。1段めが終わりました。

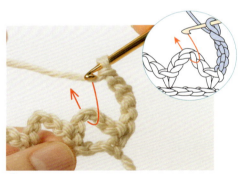

4. 鎖5目を編んだら、編み地を回転させて前段の鎖の山の頂点で細編みを束に編みます。これをくり返します。

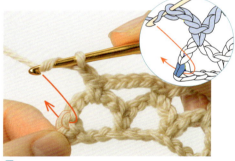

5. 2段めの最後までできたら、はじめの細編みに長編みを編みます。

6. 長編みが編めました。鎖1目を編んで編み地を回転させて、長編みの頭に細編みを編みます。

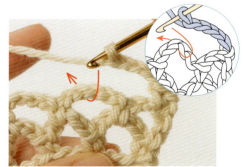

7. 続けて鎖5目を編み、前段の鎖の山の頂点で細編みを束に編みます。これをくり返します。

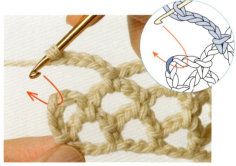

8. 3段めの最後は、前段の立ち上がり鎖5目の3目めの鎖半目と裏山を拾い、細編みを編みます。

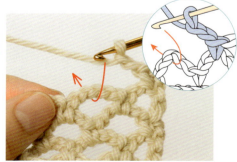

9. 編み図通り編み進め、最後の段は、「鎖2目を編み、前段の鎖の山の頂点で細編みを束に編む」をくり返します。

方眼編み

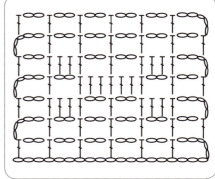

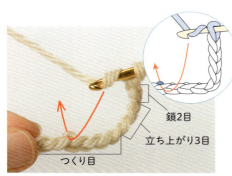

1. 立ち上がりの鎖3目と鎖2目を編んだら、針に糸をかけてつくり目の端から4目め（端から9目め）の裏山に長編みを編みます。

2. 長編みが1目編めました。続いて鎖編みを2目編みます。

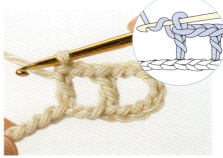

3. 2目あけて長編みを編みます。

4.「鎖2目と長編み」をくり返して1段めの最後まで編みます。

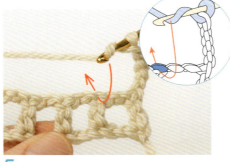

5. 立ち上がり鎖3目と鎖2目を編んだら編み地を回転させて、前段の長編みの頭に長編みを編みます。

6.「鎖を2目編んだら前段の長編みの頭に長編みを編む」をくり返して2段めの最後まで編みます。

7. 最後の目は、前段の立ち上がりの鎖3目めの裏山と半目を拾って長編みを編みます。

8. 立ち上がりの鎖3目と鎖2目を編み、同じように3段めを編みます。

9. 3段めは編み図を見ながら、長編み記号が書かれているときは、長編みを束に編みます。これをくり返して最後まで編みます。

Lesson 2

引き抜きコード編み（裏山を拾う）

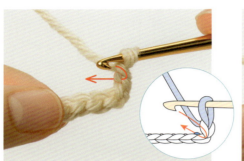

1. コードに必要な長さだけ鎖編みを編み、鎖の裏山に針を入れます。

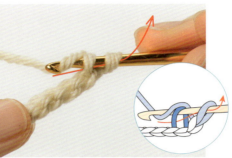

2. 針に糸をかけ、矢印のように2本のループを引き抜きます。

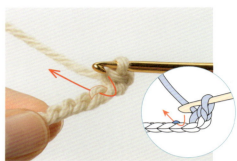

3. 次の目の裏山に針を入れます。

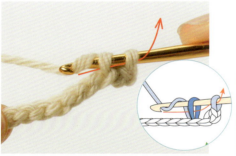

4. 針に糸をかけ、矢印のように2本のループを引き抜きます。

5. これをくり返して引き抜きコードを最後まで編みます。

引き抜きコード編み（鎖半目と裏山を拾う）

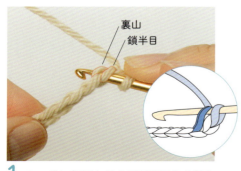

1. コードに必要な長さだけ鎖編みを編み、鎖の半目と裏山に針を入れます。針に糸をかけて2本のループを引き抜きます。

2. これをくり返して引き抜きコードを最後まで編みます。

ポイント

裏山だけを拾う方法と編み方は同じですが、鎖半目と裏山を拾う方が細いコードになります。

鎖と長編みのコード編み

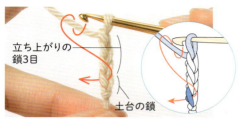

1. 土台の鎖1目と立ち上がりの鎖3目を編み、土台の目の鎖半目と裏山に針を入れて長編みを編みます（裏山を拾うと土台の鎖の端がしっかり出ます）。

2. 長編みが1目編めたところです。

3. 続けて鎖3目を編み、編み地を回転させます。前段の立ち上がりの鎖3目めの裏山と半目を拾って長編みを編みます。

4. 長編みが編めたところです。2段めが編み終わりました。

5. また立ち上がりの鎖3目を編み、1〜2をくり返してコードを必要な長さまで編み進めます。

スレッドコード編み

1. つくりたいコードの長さの3倍の糸端を残しておきます。

2. 左手の糸端を、手前から向こう側に向かって針にかけます。

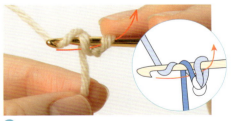

3. 針にかけた糸端を押さえながら針先に糸をかけ、矢印のように針にかかった2本の糸を引き抜きます。

4. 引き抜いたところです。

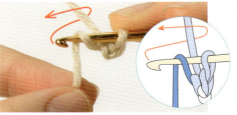

5. 再び糸端を手前から向こう側にかけます。3のように針に糸をかけて引き抜きます。

6. 2目編めたところです。これをくり返して編んでいきます。

Lesson 2

細編みのボタンホール

1. ボタンホールをあけたい場所にきたら、前段に編まず、鎖編みを編みます。

2. 必要な分だけ鎖編みを編んだら（ここでは5目）、6目めに針を入れ、細編みを編みます（前段の目を鎖と同じ目数をあける）。

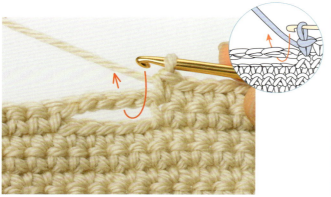

3. 次の段の鎖編みのところまできたら、鎖編みを編みくるむようにして細編みを編みます。

4. 指定の目数分（ここでは5目）、細編みを編みます。

5. 細編みを5目編みくるんだところです。

6. 6目めは前段の細編みの頭2本を拾って編みます。細編みのボタンホールが編めました。

細編みのボタンループ

1. ループをつけたい場所の左端まで細編みを編んだら、鎖編みを編みます（ここでは6目）。

2. 一度針を外し、4目戻った細編みの頭に針を入れます。

3. 針先を外していた目に戻し、そのまま引き抜きます。

4. 引き抜いたところです。

5. 鎖編みのループ部分を束に編むようにして針を入れ、細編みを編みます。

6. そのまま続けて指定の目数分（ここではあと5目）、細編みを編みます。

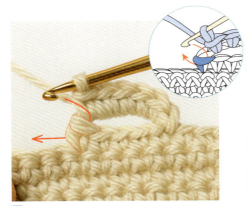

7. 1で鎖を編んだときの根元の細編みの頭と足1本に針を入れ、針に糸をかけて引き抜きます。

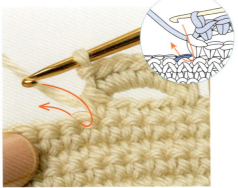

8. 続けて前段の細編みの頭2目に針を入れ、細編みを編みます。

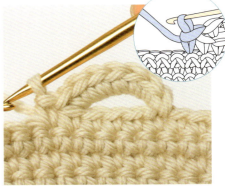

9. 段の端まで細編みを編み進めます。

Lesson 2

引き抜き編みのボタンループ

1. ループをつけたい場所の左端まで細編みを編んだら、鎖編みを編みます（ここでは6目）。

2. 一度目から針を外し、4目戻った細編みの頭に針を入れます。

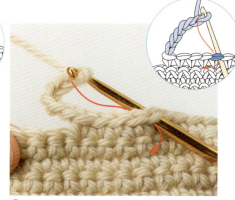

3. 針先に目を戻し、そのまま引き抜きます。

4. 引き抜いたところです。

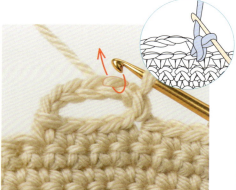

5. 鎖編みの半目と裏山に針を入れ、引き抜き編みを編み進めます（ここでは6目）。

6. ループの最後は矢印のように鎖編み半目と裏山に針を入れ引き抜きます。

7. ループ最後の引き抜き編みが編めました。前段の細編みの頭2目に針を入れ、細編みを編みます。

8. 続けて細編みを編んで、段の端まで編み進めます。

とじ針のボタンループ

1. とじ針に別糸を通し、ループをはじめたい目に入れて終わりたい目から出し、さらにはじめたい目まで戻って針を通します（編み目の頭の2本をすくいます）。

2. ボタンループの芯になる2本の糸がつくれました。

3. 2本のループの下に針を通します。

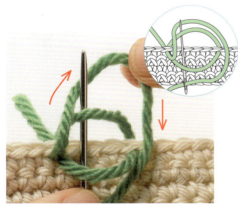

4. 針先に3の★側の糸をかけます。

5. 針を引っ張り、かけた糸を引き締めます。

6. 引き締めたところです。

7. 同じように3〜5をくり返します。

8. 2本のループを最後まで編みくるんだら、2本のループのうち向こう側のループ1本だけをすくって針を入れます。

9. ループを差しこんだ目の細編みの頭2本に針を入れて、引き締めたら完成です。糸は裏側にくぐらせて始末します。

Lesson 2 ポンポン・タッセル・フリンジ

ポンポン

1. 厚紙の中央に切り込みを入れ、糸を指定の回数巻いていきます。

2. 切り込みを利用して中心を別糸でギュッと強く縛ります。

3. 厚紙から毛糸をずらして外します。

4. 上下の輪になった部分をはさみで切り、糸を広げながら丸く刈り込めばできあがりです。

タッセル

1. 長方形の厚紙を用意して、糸を縛りたい位置に切り込みを入れます。写真のように糸を指定の回数巻きつけます。

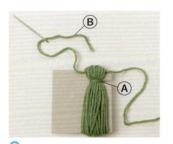
2. 切り込みの部分から別糸を通して、強く縛ります（Ⓐ）。糸の輪になった部分にも新たに別糸を通して、タッセルを下げるストラップをつくります（Ⓑ）。

3. 房の下の部分の輪を切り、糸端を整えます。

フリンジ

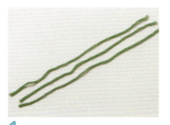
1. つけたいフリンジの長さの2倍より少し長めに切り、必要な本数を用意しておきます。

2. つける位置の裏からかぎ針を入れて、2つに折りたたんだ部分に引っかけて引き出します。

3. 輪の部分に糸端を全て入れます。

4. フリンジがひとつつきました。好みの数のフリンジをつけたら、糸端を切りそろえます。

Lesson3

テクニック徹底解説

かぎ針編みに慣れている人でもつまずきやすい
テクニックを詳しく解説します。
きれいに仕上げるポイントも紹介しているので
慣れている人も見直してみましょう。

はぎ方

編み地と編み地をつなげる方法のひとつで、目と目をつなげることを「はぎ」といいます。
編んだ糸端を残しておいて、その糸ではぐとよいでしょう。
※わかりやすいように糸の色をかえています。

引き抜きはぎ

編み地2枚を内側に表がくるように（中表に）重ね、引き抜きながらつなげていきます。できあがりは厚みが出ますが、しっかりとはぎ合わせられます。

  表にすると

1. 糸ははぐ長さの5.5倍を残しておき、編み地2枚を中表にして重ね合わせます。

2. 2枚の端の目の頭2本をそれぞれ拾って、手前から奥に向かって針を入れます（針にかかるのは糸4本）。

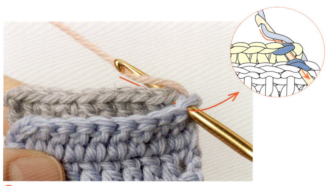

3. 針に糸をかけて、一度に引き抜きます。

4. 2枚の編み地がつながりました。続けて隣の目の頭2本ずつをそれぞれ拾って針を入れます。

5. 針に糸をかけて、一度に引き抜きます。

6. 引き抜きはぎが1目編めました。4〜5と同じように目の頭を2本ずつ拾って編み進めます。

鎖の引き抜きはぎ

鎖編みと引き抜きはぎを組み合わせたはぎ方です。伸縮性がある仕上がりで、ごろつかず薄くはぎ合わせられます。

表にすると

Lesson 3 鎖の引き抜きはぎ

1. 糸ははぐ長さの6.5倍を残しておき、編み地2枚を中表にして重ね合わせます。

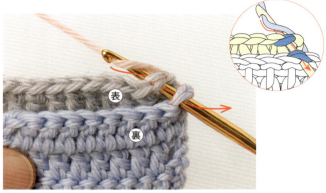

2. 引き抜きはぎと同じように端の目の頭に針を入れ、糸をかけて引き抜きます。

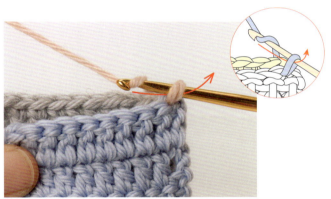

3. 1目引き抜いたところです。糸を編み地に固定するために鎖編みを1目編みます。

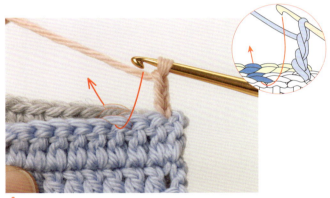

4. 鎖編みをもう2目編み、2目あけた次の目に針を入れ、それぞれの目の頭2本を拾って引き抜き編みを編みます。

5. 引き抜きはぎがひとつできたところです。

6. 3～4のように鎖編み(ここでは2目)と引き抜き編みをくり返して、編み進めます。

Lesson 3

巻きかがりはぎ

とじ針を使って半目ずつ巻きかがる方法。半目なので表にはひびかず、薄くてきれいな仕上がりになります。均等な力で糸を引くのがポイント。

表にすると

1. 編み地の裏側が見えるように編み地を上下に並べ、はぐ長さの3.5倍残しておいた糸をとじ針に通します。もう一方の編み地の端の頭半目に針を入れます。

2. 頭を半目ずつ拾って上から下に針をくぐらせ、糸を引き締めます。

3. 次の目にも同じように半目ずつ拾って、上から下に針をくぐらせます。

4. 2～3をくり返し、終わりまではぎます。

ポイント

目をつなぐ「はぎ」・段をつなぐ「とじ」

編み地をつなぐには、目と目をつなぐ「はぎ」と、段と段をつなぐ「とじ」があります。

「はぎ」とは…

目と目をつなぎます。
編み目でいうと、目の頭をつないでいきます。

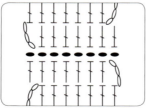

1目ごとの頭部分をはいでいるのがわかります。
目をつないでいくので間違えずに目を拾うことができます。

「とじ」とは…

段と段をつなぎます。
編み目でいうと、目の足から頭までを細かくつないでいきます。

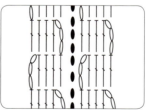

1目の足や頭部分をとじているのがわかります。長編みなどをとじるときは、2枚の編み地の目の頭をそろえて針を入れるとずれません。

とじ方

編み地の段と段をつなげることを「とじ」といい、新しく糸をつけて特に指定がなければつくり目の方からとじるとよいでしょう。細編み、長編みなどどんな編み地でも、目の頭の部分をそろえてとじると、きれいに仕上がります。※わかりやすいように糸の色をかえています。

Lesson 3　引き抜きとじ

引き抜きとじ

表にすると

【細編みの場合】

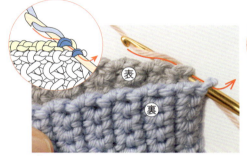

1. 編み地2枚を中表にして重ね、それぞれ細編みの端の目に針を入れます。新しい糸をとじる長さの6倍用意して針にかけ、矢印のように糸を引き抜きます。

2. 糸を引き抜いたところです。さらに針に糸をかけて引き抜きます。

3. 隣の目（次の段の目）に針を入れ、糸をかけて矢印のように引き抜きます。

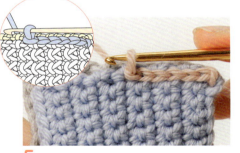

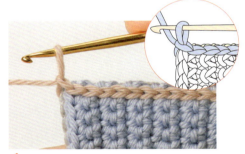

4. 引き抜きとじが1目できました。

5. 3〜4と同じように細編みの各段に針を入れ、糸をかけて引き抜いていきます。

6. 引き抜きとじができました。

【長編みの場合】

表にすると

1. 細編みと同様に糸をつけたら、端の目を割るように矢印の位置に手前から奥へ針を入れて、針先に糸をかけて引き抜きます。

2. 1段につき3目ずつ引き抜いていきます。3目めに長編みの頭（立ち上がりの鎖編みは3目め）をそれぞれの編み地から拾うと、編み地がずれません。

Lesson 3

細編みの鎖とじ

長編みや透かし模様の編み地のときに適したとじ方です。鎖編みを編み、とじるときに細編みを編みます。

表にすると

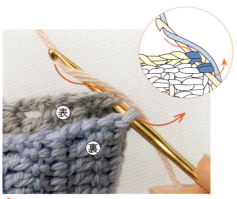

1. 編み地2枚を中表に重ね、それぞれの端の目に針を入れます。新しい糸をとじる長さの6.5倍用意して針にかけ、矢印のように糸を引き抜きます。

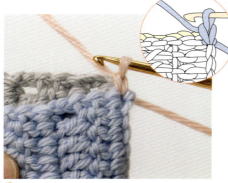

2. さらに糸をかけて引き抜きます。

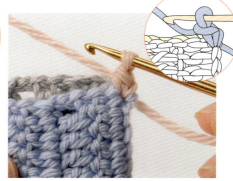

3. 同じ目に細編みを1目編みます。

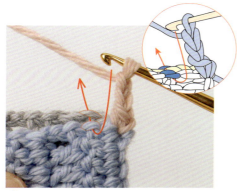

4. さらに鎖編みを2目編んで、矢印のように長編みの頭に針を入れます。

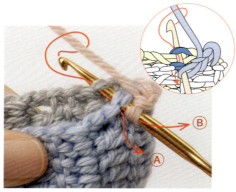

5. 針を入れたところです。針に糸をかけて矢印Ⓐのように引き抜き、さらに糸をかけてⒷを引きぬいて細編みを編みます。このまま細編みを編みます。

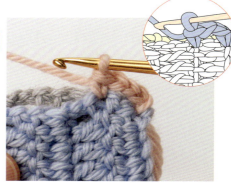

6. 細編みの鎖とじがひとつできたところ。

7. 4～6を同じようにくり返します。細編みを編むときに、それぞれの編み地の長編みの頭(立ち上がりの鎖編みは3目め)を拾うようにするとずれません。

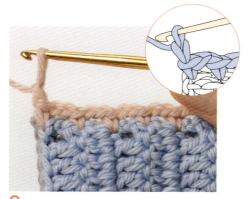

8. 細編みの鎖とじができました。とじ終わりはもう一度糸をかけて引き抜き、目を引き締めます。

引き抜きの鎖とじ

目がつまった編み地でも透けた編み地でも使えるとじ方です。鎖編みを編んで、とじるときに引き抜き編みをします。

表にすると

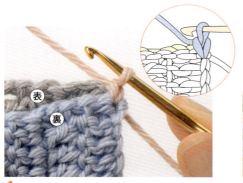

1. 編み地2枚を中表に重ね、それぞれの端の目に針を入れます。新しい糸をとじる長さの6倍用意して針にかけ、糸を引き抜いたあとに鎖編みを1目編みます。

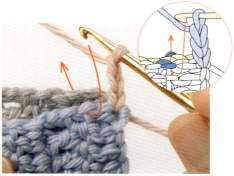

2. 続けて鎖編みを2目編み、矢印のようにそれぞれの編み地の長編みの頭（立ち上がりの鎖は3目め）に針を入れます。

3. 針を入れたところです。針に糸をかけて引き抜きます。

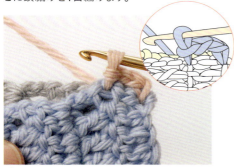

4. 引き抜きの鎖とじがひとつできたところ。

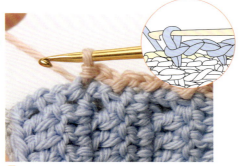

5. 2～3を同様にくり返し、編み進めます。

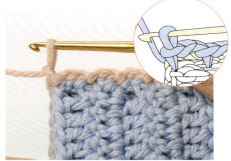

6. 最後まで引き抜きの鎖とじが編めました。最後の目は長編みの頭にとじています。とじ終わりはもう一度糸をかけて引き抜き、目を引き締めます。

ポイント

「目の頭を拾う」がポイント！

とじていると、どの目を拾ったらよいかわからなくなって、2枚の編み地がずれてしまうことがあります。ポイントは「目の頭」をそろえることです。

引き抜きとじの場合

引き抜きとじの場合、目の頭を2枚でそろえて引き抜きます。どの編み方でも頭の位置をそろえればずれません。

引き抜きの鎖とじの場合

鎖とじの場合、鎖を編んで針を入れるところを目の頭にするとよいでしょう。

長い編み地をとじるとき、拾う目がわからなくなって編み地がずれてしまうことも。それぞれの編み地の目の頭をそろえて針を入れるようにすると、2枚ピッタリと合わせることができます。

Lesson 3 巻きかがりとじ

巻きかがりとじ

とじ針を使って、端の目を巻きつけるようにしてとじていきます。簡単にとじられますが、とじ目が目立ちやすいので注意。

表にすると

1. 編み地を中表に重ね、新しい糸をとじる長さの3.5倍用意してとじ針に通します。奥の編み地の立ち上がりの鎖1目めの頭2本と、手前の編み地の長編みの足元の2目をすくいます。

2. もう一度同じ目に向こうから手前に向かって針を入れ、キュッと引き締めます。

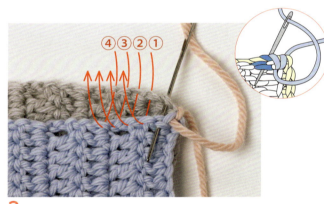

3. 奥の編み地の立ち上がりの鎖2目めと、手前の編み地の長編み1目めの真ん中あたりに針を入れます。糸を引いたら、次は奥の編み地の立ち上がりの鎖3目めと手前の編み地の長編みの頭に針を入れます。次は長編みの足部分に2回（①②）、頭に1回（③）という順に、2枚ともの端の目を割りながら針を入れてとじていきます。

4. 続けて長編みの足部分に2回、頭に1回針を入れて巻きかがりとじを進めます。

返しぬいとじ

半目ずつ戻りながらとじる方法で、糸が出ている場所に戻って針を入れるわかりやすいとじ方です。

表にすると

Lesson 3 返しぬいとじ

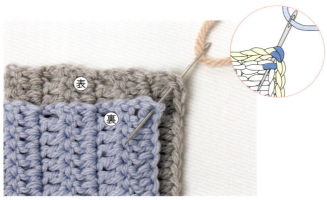

1. 編み地を中表に重ね、新しい糸をとじる長さの4.5倍用意してとじ針に通します。端の目それぞれに、向こうから手前に向かって針を入れます。

2. 糸を引き締めたら、長編み1目めの真ん中あたりに針を入れて引き出します。

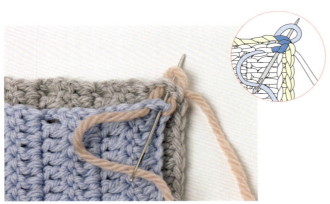

3. ひとつ前の糸が出た場所(端の目)に戻り、手前から向こうに針を入れます。

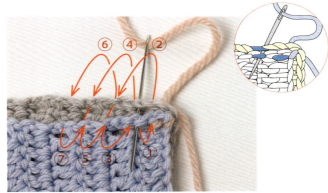

4. 矢印の順番通りに、2枚ともの端の目を割って2〜3をくり返します。

5. 返しぬいとじを進めると、とじ終わった目は1列のとじ目がつながったように見えます。

モチーフのつなぎ方 1

モチーフをつなぐ方法は「編みながらつなぐ」と「編み終わったモチーフをつなぐ」方法があります。まずは編みながらつなぐ方法を紹介します。

編みながら引き抜き編みでつなぐ

丸い形など、くっつけたときに接点が少ないモチーフをつなぐときに多く使われます。1枚めは通常通りに仕上げますが、2枚め以降は最終段（編みつなぎ段）を編みながらつなぎます。編み図ではつなぐ位置が●（引き抜き編みの記号）で示されています。

【1枚めと2枚め】

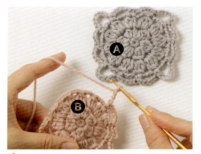

1. 1枚めのモチーフ（Ⓐ）を完成させ、2枚めのモチーフ（Ⓑ）をつなぐ位置の手前まで編みます。

2. Ⓐのつなぐ位置の鎖編みを、束に拾って針を入れ糸をかけます。

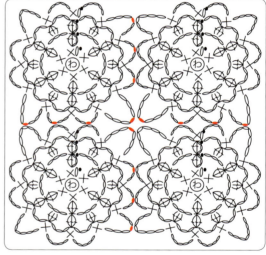

3. 糸を引き出し、引き抜き編みを編みます。

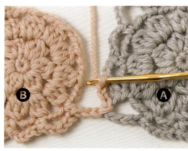

4. そのまま鎖編みを3目編み、Ⓑに細編みを編みます。

5. また鎖編みを3目編みます。

6. 2〜5を同様にくり返して残り3か所をつなぎます。（鎖の目数は編み図参照）

7. 最後の部分を編みつなぎました。続けて鎖編みを3目編み、編み図通りにⒷモチーフを編みます。

【3枚め】

8. モチーフ最後の目に引き抜き編みを編んで⑧モチーフが編み終わりました。

9. 3枚めのモチーフ(ⓒ)を編みつなぐ位置の手前で鎖編みを3目編みます。ⒶとⒷをつないだ引き抜き編みの足2本を矢印のようにすくうように針を入れます。

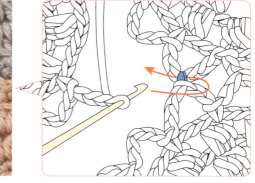

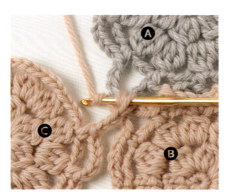

10. 針を入れたところです。針に糸をかけ、引き抜きます。

11. ⓒがつながりました。続けて鎖編み3目を編んでⓒに細編みを編み、2〜7をくり返してⓒをⒶにつなぎます。

12. Ⓐにつないだら、編み図通りにⓒのモチーフを最後まで編んで完成させます。

【4枚め】

13. 4枚めモチーフ(Ⓓ)も同じようにⒷにつなぎます。

14. 4枚が集まる中心の位置まできたら、9と同じ場所(ⒶとⒷをつないだ引き抜き編みの足2本)に矢印のように針を入れ、針に糸をかけて引き抜きます。

15. 引き抜いたところです。続けて2〜7のようにⒹをⒸにつないでいきます。

Lesson 3
編みながら細編みでつなぐ

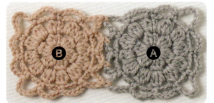
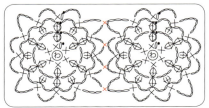

「引き抜き編みで編みつなぐ」とほとんど同じ要領で、引き抜き編みの部分で糸を引き出して細編みを編んでつなぎます。

1. 2枚めのモチーフ(Ⓑ)をつなぐ位置の手前まで編みます。

2. Ⓐのつなぐ位置の鎖編みを束に拾って針を入れ、糸をかけて矢印のように引き出します。

3. さらに糸をかけて2本のループを引き抜いて細編みを編みます。

4. 細編みでつなげました。続けて鎖編みを3目編んでⒷの編み地に細編みを編みます。

5. さらに鎖編みを編んで、2〜3と同じようにつなぐ位置で細編みを編みます(鎖の目数は編み図参照)。

6. 同様にくり返して、ⒶとⒷをつなぎながらⒷを完成させます。

モチーフのつなぎ方 2

ここではモチーフを編んでからつなぐ方法を紹介します。デザインや用途に合ったつなぎ方を選びましょう。

半目引き抜き編みでつなぐ

モチーフ2枚を外側に表がくるように（外表）重ねて、半目ずつ拾って引き抜いていくつなぎ方です。引き抜いた目が表に見えるので、色を替えたりするとポイントにもなります。

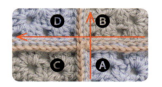

1. モチーフ④⑤を外表にして重ね合わせ、それぞれの端の目の上半目ずつ拾って針に糸をかけ引き抜きます。同じように隣の目も鎖上半目ずつ拾って引き抜き編みをします。

2. 半目引き抜き編みが1目編めたところです。次の目からも鎖上半目ずつ拾って、引き抜き編みでつないでいきます。

3. 続けて⑥⑤もつなぎます。モチーフ⑥⑤を外表にして重ねて持ちます。

4. ④⑤の編み終わりからつなげるようにして、端の目の半目をそれぞれ拾って引き抜き編みをします。

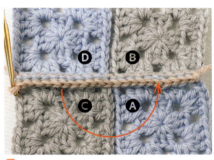

5. ⑥⑤の最後まで引き抜いて1辺がつながりました。次は縦の1辺をつなぐので、編み地を矢印のように回転させます。

6. 今度は④と⑥の編み地を外表にして重ね合わせ、同様に半目ずつ拾って引き抜き編みでつなぎます。

7. 編み地の角の目に針を入れたところです。針に糸をかけて引き抜きます。

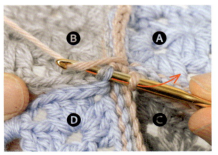

8. ⑤と⑤の編み地の角の目に針を入れ、糸をかけて引き抜きます。

9. 4枚のモチーフが半目引き抜き編みでつながりました。

Lesson 3

半目巻きかがりでつなぐ

モチーフの一番外側の編み目の頭の鎖1本ずつを、とじ針を使って拾うつなぎ方です。
半目ずつつなぐので、すっきり仕上げたいときに便利です。

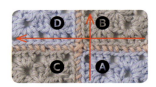

1. ⒶとⒷ、2枚のモチーフを写真のように表同士でつき合わせにして、それぞれ角の鎖半目に糸を通します。

2. もう一度Ⓐの同じ目に針を入れて糸を引き締めます。

3. 隣の目の向かい合った鎖半目に針を入れます。

4. 糸を引き締めます。このとき強く引きすぎてモチーフが変形しないように注意しましょう。

5. 3〜4をくり返して1辺の最後まで巻きかがり、2枚のモチーフがつながりました。

6. 今度はⒸⒹのモチーフをつないでいきます。ⒸⒹのモチーフも表向きに並べ、角の目の鎖半目に針を入れたら3〜4をくり返して端までかがります。

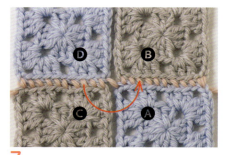

7. 1辺がつながりました。次は縦の1辺をつなげるので、編み地を矢印のように回転させます。

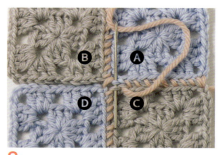

8. 1〜4と同様に、向かい合った半目を拾って糸を引き締めます。

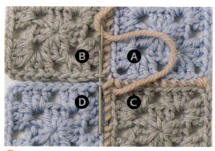

9. 4枚のモチーフがつながる部分は、糸を上から重ねて次の目に針を入れるので、糸がクロスします。同様に編み進めます。

全目巻きかがりでつなぐ

とじ針で、モチーフの一番外側の編み目の頭の鎖2本ずつを拾ってつなげます。
四角形はもちろん、六角形モチーフなど直線の辺をつなぐときに便利です。

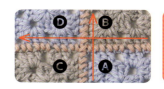

1. ⒶとⒷ、2枚のモチーフを表同士でつき合わせにして、それぞれ角の鎖の目に糸を通します。

2. 糸を引き締めて、隣の目の頭2本をそれぞれ拾って針を入れます。

3. 2をくり返して、角の目までつないでいきます。

4. 2枚のモチーフがつながりました。

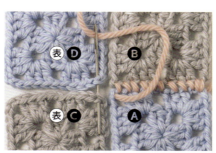

5. 今度はⒸ、Ⓓのモチーフをつないでいきます。Ⓒ、Ⓓのモチーフも表向きに並べ、角の目の鎖にそれぞれ針を入れます。

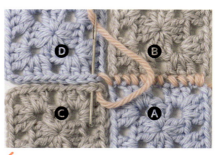

6. 2〜3を同様にくり返してモチーフをつないでいきます。

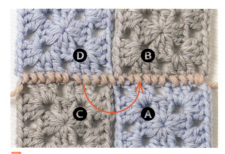

7. 1辺がつながりました。次は縦の1辺をつなげるので、編み地を矢印のように回転させます。

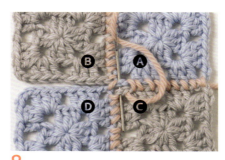

8. 1〜4と同様にⒷとⒹのモチーフを最後の角の目までつないでいきます。

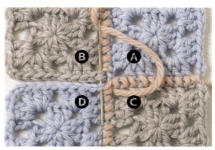

9. 4枚のモチーフがつながる部分は、糸を上から重ねて次の目に針を入れるので、糸がクロスします。

Lesson 3

目の拾い方

縁編みなど、元の編み地から目を拾って別の編み地を編むことがあります。それを「拾い目」といいます。編み地の種類や模様によって、目に編み入れたり束に編んだりと、拾い方が変わります（ここでは細編みを編みます）。

目から拾うとき

1目からひとつずつ目を拾うので、わかりやすい拾い方です。
特に指示がなければ、頭の2本を拾います。

1. 端の目の頭の2本に針を入れ、新たにつける糸を針にかけて矢印のように引き抜きます。

2. 鎖編みを1目編みます（立ち上がりの1目）。

3. 同じ目に針を入れて糸を引き出し細編みを編みます。

4. 細編みが1目編めたところです。

5. 次の目に針を入れて、細編みを編み進めます。

6. 最後の目まで拾えました。

Q&A

Q：角を拾うときはどうするの？

A. 縁編みなどで角を拾う場合は、基本的に角の目に3目編み入れます。ただ使用糸が太いときや広がりすぎる場合は間に鎖編みを挟むことがあります。

角の目に3目編み入れる

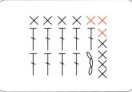 

細めの糸などで角がゴロゴロしなければ、角の目の頭に3目編み入れます。写真のようにぐるりと鎖が回り込んだ仕上がりです。

間に鎖1目入れる

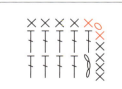 

糸が太い場合や角が広がりすぎる場合は、角に編み入れる3目の真ん中を鎖編みにします。見た目は3目編み入れたときと変わりませんが、角に2目しか編み込まないのでスッキリと仕上がります。

段から拾う（細編み）

細編みの編み地からは、6段で5目を目安に拾うときれいに仕上がります。均等に拾うように気をつけましょう。

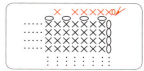

1. つくり目の端の目に針を入れて、新たにつける糸を針にかけて引き抜き、鎖編みを1目編みます（立ち上がりの1目）。

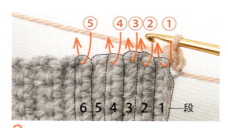
2. 同じ目に針を入れて細編みを編みます。細編み6段で5目を目安に目を拾い、細編みを編んでいきます。

3. 全ての段で目を拾ってしまうと目が多すぎて編み地が波打ってしまうので、適度に離して拾います。

段から拾う（長編み）

長編みの編み地からは、2段で5目を目安に拾うときれいに仕上がります。長編みの頭は必ず拾うようにします。

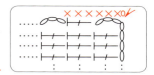

1. 端の目（長編みの台の目）に針を入れ、新しい糸を針にかけて引き抜き、鎖編みを1目編みます。

2. 同じ目に針を入れて糸を引き出し、細編みを編みます。

3. 立ち上がりの目と長編みをともに目を割って糸を2本すくい、編みます。長編み2段で5目を目安に目を拾っていきます。

4. 同様に編み進めます。

5. 終わりまで拾いました。頭の目（段の変わり目）は必ず拾うようにします。

ポイント
すき間があいているときの拾い方

1. 段から拾うときと同様、端の目に立ち上がりの鎖1目と細編みを1目編みます。

2. 方眼編みのようにすき間があいている部分は、束に拾って細編みで編みます。

3. 段の変わり目は1段おきに拾います。そのときは目に編み入れるようにして拾います。

Lesson 3

縁編み

縁編みは、編み終わった編み地の縁に飾りをする編み方のこと。
目を拾うテクニックを使って編み地から目を拾い、かわいい縁編みを編んでみましょう。

ピコットの縁編み

ネット編み（→P118）の編み地の縁に鎖3目の引き抜きピコット（→P108）を編みます。ピコットは縁編みに頻繁に登場するので編めるようになると便利です。

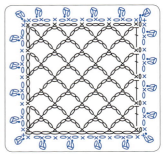

1. 端の目の細編みの頭を拾って新しい糸を引き出し、鎖編みを1目編んだら（立ち上がりの1目）、同じ目に細編みを編みます。

2. 続けて鎖編みを1目編み、束に拾って細編みを編みます。

3. 鎖編みを3目編み、細編みの頭の手前の半目と足1本に針を入れて、針に糸をかけて引き抜きます。

4. 鎖3目の引き抜きピコットがひとつ編めました。2〜3をくり返してネット編みの端まで編みます。

5. 端まで編んだら、角の目に針を入れます。

6. 角の同じ目に細編みを2目編んだら、鎖3目のピコットを編みます。

7. 同じ目（角の目）にもう1目細編みを入れます。

8. 2〜7をくり返して、編みはじめの角まで編み進めます。

9. 編みはじめの角にもピコットを編んだら、編みはじめの細編みに引き抜きます。目を大きく伸ばして糸を切って始末をします。

長編み5目編み入れる縁編み

松編み（→P188）と同じ編み方で、フリルのように仕上がる縁編みです。簡単な編み方でかわいらしいデザインが編めるので初心者にもおすすめ。

 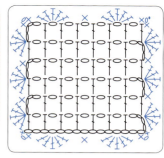

1. 長編みの頭に針を入れて新しい糸を引き抜き、鎖編みを1目編んだら（立ち上がりの1目）、同じ目に細編みを編みます。

2. 針に糸をかけて、3目先の鎖編みを束に拾って長編みを5目編み入れます。

3. 長編みを5目編み入れました。4目先の鎖編みを束に拾って細編みを1目編みます。

4. 4目先の鎖編みを束に拾って長編みを5目編み入れます。

5. 角の目（ここでは鎖半目と裏山）には細編み1目、鎖編み1目、細編み1目の順に編み入れます（→P142）。

6. 角の目が編めたら、編み図を参照して編みはじめの角まで編み進めます（長編みには目の頭に編み入れます）。

7. 編みはじめの角までできたら、角の目（1と同じ目）に細編みを1目、鎖編みを1目編み、1目めの細編みの頭に引き抜きます。

8. 1目めの細編みの頭に引き抜きました。編み終わりは、引き抜いた目を大きく伸ばして糸を切り、糸を始末します。

模様編み

糸の色を替えて模様をつくる編み方で、簡単な模様も複雑な模様も基本は同じ。糸の色を替えるときは、前の糸の最後の目を引き抜くときに新しい糸に替えるのがポイントです。

編み込み模様（市松模様）

長編みで市松模様を編みます。新しい色の糸に替えたら、休ませている糸は横に渡して編みくるんで進みます。編み地は厚くなりますが、糸が渡っているのが裏から見えないのできれいに仕上がります。

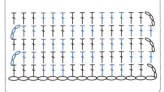

1. 立ち上がりの鎖編み3目と長編みを1目編み、未完成の長編みが編めたところで、新しい糸（黄色）を針にかけます。矢印のように引き抜いて、長編みを完成させます。

2. 針に新しい糸（黄色）をかけ、隣のつくり目の裏山に針を入れ、前の糸（グレー）を編みくるんで糸を引き出し、長編みを編みます。

3. 黄色の長編みが2目と未完成の長編みが編めたら、グレーの糸を針にかけ、引き抜いて長編みの3目めを完成させます。

4. 1～3をくり返して、長編み3目ずつの市松模様を編み進めていきます。編みくるむ糸を引っ張りすぎると、編み地が引きつれるので注意しましょう。

5. 1段めの最後の未完成の長編みまで編めました。休ませるグレーの糸を針の手前から向こうに引っかけてから、黄色の糸を針にかけて未完成の長編みを引き抜きます。

6. 続けて2段めの立ち上がりの鎖編みを3目編み、編み地を矢印のように回転させます。

7. 5で針にかけたグレーの糸を写真のように持ってきます。

8. グレーの糸を編みくるみながら黄色の糸で長編みを編んでいきます。

9. 立ち上がりの鎖編み3目と長編み1目、未完成の長編みが1目編めたところです。グレーの糸を針にかけ、未完成の長編みを引き抜きます。

【3段め】

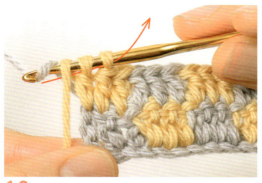

10. 1〜4をくり返して2段めが編めました。最後の未完成の長編みを編んで、黄色の糸を針の向こうから手前にひっかけ、グレーの糸をかけて未完成の長編みを引き抜きます。

11. 2段めが編み終わったら、立ち上がりの鎖3目を編み、編み地を回転させます。2段めの終わりで休ませていた黄色の糸を編みくるみながら、長編みを編んでいきます。

12. 未完成の長編みを、黄色の糸で引き抜いて、市松模様を編み進めていきます。

13. 3段めの終わりも1段めと同じように、グレーの糸を針の手前から向こうに引っかけて、未完成の長編みを引き抜きます。このように奇数段では休ませる糸を手前から向こうへ、偶数段では向こうから手前に引っかけます。

細編みで糸を替える場合

細編みで糸の色を替えるときも、長編みと同じように未完成の編み目を新しい糸で引き抜きます。

1. 未完成の細編みを前の色（グレー）で編み、編み地の手前にひっかけ、針に新しい色の糸（黄色）をかけます。

2. 引き抜いたところです。このまま次の目を新しい色（黄色）で編みます。

3. 前の糸の最後の目を引き抜くときに新しい色（ここでは黄色）の糸にすると、きれいに糸の色を替えられます。

Lesson 3

ボーダー模様（奇数段で色を替える）

1段ごとや3段ごとの奇数段で色を替えるときは、編み終わりが常に反対側になるので、編み終わりの糸の休ませ方が少し複雑です。

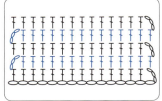

【1段め】

1. 1段めの長編みが編み終わったところです。

2. 針にかかったループを大きく広げ、そのループに糸玉を通します。

3. 糸玉の糸を引いて、ループを引き締めます。グレーの糸はそのまま休ませておきます。

【2段め】

4. 1段めの立ち上がりの鎖編み3目めの半目と裏山に針を入れます。

5. 2段めの色（黄色）の糸を針にかけ、引き出します。

6. 続けて鎖編みを3目編みます。このまま2段めに長編みを編んでいきます。

【3段め】

7. 2段め最後の未完成の長編みが編めたら、黄色の糸を針に向こうから手前に引っかけ、休ませておいたグレーの糸を針にかけて引き抜きます。

8. グレーの糸で立ち上がりの鎖編み3目を編んだところです。編み地を矢印のように回転させ、3段めを編みます。

9. 3段め（奇数段）の編み終わりは、2〜3のように糸玉をくぐらせて休ませるようにします。

【4段め】

10. 4段めの編みはじめは、休ませていた黄色の糸を引き上げて、グレーの糸の立ち上がりの鎖編み3目めの鎖半目と裏山に針を入れて、黄色で立ち上がりの鎖3目を編みます。

11. 1・3・5・7段め（奇数段）では糸玉をくぐらせて糸を休ませ、2・4・6・8段め（偶数段）では針に糸をかけて休ませます。こうすることで引き上げられる糸は裏側に渡ります。

ボーダー模様を偶数段で色を替える場合

ボーダー模様を偶数段で編む場合、奇数段で編むときとは違い、編み終わる側が常に同じです。なのでひとつの色が編み終わったら、針に糸をかけるやり方で休ませておき、またその色を編むときは引き上げて編みはじめるようにします。

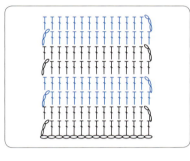

1. 4段めが編み終わるところ。未完成の編み目を編んだところで、休ませる糸（黄色）を針の向こうから手前にかけ、休ませていた糸（グレー）を引き上げて針にかけます。矢印のように糸を引き抜きます。

2. 4段め最後の長編みが編めたところ。次に休ませる糸が向こうから手前にかかっているのがわかります。

3. 続けて5段めの立ち上がりの鎖編み3目を編み、編み地を回転させたところ。続けて5段め、6段めを編んでいきます。

引き上げられた糸

4. 6段め最後も、**1**と同じように休ませる糸（グレー）を針の向こうから手前にかけ、休ませていた糸（黄色）を引き上げて未完成の長編みを引き抜きます。

5. 1～4をくり返して、長編み2段ごとのボーダー模様を編んでいきます。糸を引き上げるときは、強く引きすぎないように注意しましょう。

糸の始末

編み終わりと編みはじめには、必ず糸端が残ります。
残った糸はとじ針に通して、見えないように始末をしましょう。

【編み終わり】

表裏あり

表裏がある作品は編み地の裏側にくぐらせます。一方向だと抜けてしまうこともあるので、一度糸を引き出したあと、方向を変えて再びくぐらせるとよいでしょう。

表裏なし

表裏がない作品は端の目を通すようにしてくぐらせます。

【編みはじめ】

表裏あり

表にひびかないように編み地の裏の目にくぐらせます。

表裏なし

編み終わりと同様に端の目にくぐらせてもよいですが、見えないように目の足にくぐらせてもよいでしょう。

最終段の糸始末

輪編みなどの編み終わりのとき、とじ針で目をつくるように始末をすると、デコボコのない直線のきれいな仕上がりになります。

1. 最後の目を編んだら、とじ針に糸端を通して1目めの頭の2本を手前から向こうに針を入れます。

2. 編み終わりの頭の向こう側の1本に、再度手前から向こうにとじ針を入れます。

3. 糸を引くと1目編めたようになって、直線のきれいな編み終わりになります。

糸の替え方・つけ方

糸の替え方は、色を替えるときはもちろん、糸がなくなってしまって新しい糸をつけるときにも使えます。

糸の替え方（編み地の裏側のとき・偶数段のとき）

1. 色を替える前の最後の目の未完成の編み目のタイミングで、糸を針の向こうから手前にかけ、新しい糸を針先にかけます。

2. そのまま糸を引き抜き、編み目を完成させます。

3. 次の目を編むときに、余計な糸を編みくるむときれいに仕上がります。

4. 糸を替えて編みました。

糸の替え方（編み地の表側のとき・奇数段のとき）

1. 色を替える前の最後の目の未完成の編み目のタイミングで、糸を針の手前から向こうにかけ、新しい糸を針先にかけます。

2. そのまま糸を引き抜き、編み目を完成させます。

3. 次の目を編むときに、余計な糸を編みくるむときれいに仕上がります。

4. 糸を替えて編みました。

糸のつけ方

【太めの糸の場合】

太い糸のときは引き出しただけでもしっかりと糸がつくので、そのまま次の目を編みます。

【細めの糸の場合】

細い糸のときは、引き出しただけでは糸がしっかり固定できないので、鎖編みをきつめに1目編んでから次の目を編みます。

パーツのとじつけ方

細かなきまりはありませんが、パーツ同士をとじつけるときは「表にひびかないように」かつ「しっかりと」縫いつけるのが大切です。

1. 葉っぱを編んだ編み終わりの糸を20～30cmほど残してとじ針に通します。表にひびかないように針ですくっていきます。

2. 花と葉っぱが離れて見えないようにすき間なく縫います。

3. 葉っぱの反対側も同じように、とじはじめまで戻ります。

4. とじつけて1周しました。

5. 表側から見て、とじつけた糸が見えないかを確認します。

ブローチピンのつけ方

ここでは4か所縫いつける方法を紹介します。わかりやすいように赤い糸を使用していますが、本来は目立たない色の糸を使いましょう。

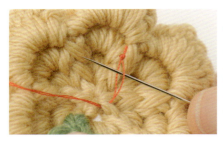

1. ブローチピンをつける中心部分に、糸をつけます。糸が細い場合は毛糸から抜けてしまうので、一度すくった糸の玉結び部分を輪にして、針を通します。

2. 糸を引いて輪を引き締めます。

3. つけたい位置にブローチピンを置き、モチーフとピンの穴の部分に針を通しながらすくいます。このとき糸が表に響かないように気をつけましょう。

4. 4か所しっかりと縫いつけました。心配なときはブローチピンを置くときに手芸用ボンドをつけてもよいでしょう。

かぶとピンのつけ方はP159を参照

リングの編みくるみ方

中央の輪の形や大きさをそろえるために、プラスチックや樹脂製のニットリングを使うことがあります。シュシュを編むときにヘアゴムに編みくるむ手法も同じです。

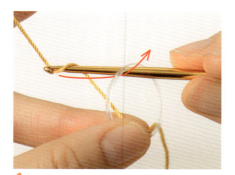

1. リングに針を入れて、針に糸をかけて矢印のように引き出します。

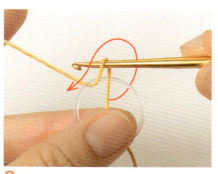

2. 糸を引き出しました。糸端を編みくるむために、糸端を針の向こうから手前へ引っかけます。

3. 引っかけた糸端は、左手で押さえながら編んでいきます。

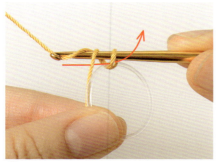

4. 糸端は針にかけたまま、針先には糸玉側の糸をかけ、矢印のように引き抜きます。

5. 立ち上がりの1目が編めたところです。

6. 再びリングに針を入れ、糸を引き出して細編みを編みます。このとき糸端を編みくるむと、きれいに仕上がり、最後の糸始末もせずにすみます。

7. 同じようにしてリングを細編みで編みくるんでいきます。

8. 1周編みくるみ終わっても糸端が残っているときは、はさみで切ります。

9. リングを編みくるめました。

Lesson 3

アイロンでの仕上げ

編み終わった作品は、よれていたり端がくるりとカールしていたりします。必ずアイロンがけをして仕上げるようにしましょう。

アイロンをかける前

端がカールしています。

アイロンをかけた後

カールがとれてまっすぐに仕上がりました。

四隅をアイロン用仕上げピン（なければまち針でも可→P11）で留めます。このとき引っ張りすぎないように注意しましょう。アイロンをスチームの設定にしておき、少し浮かせて編み地にスチームをあてます。アイロンを押しつけてしまうと目がつぶれてしまいます。冷めたのを確認してからアイロンピンを外しましょう。

編んだ作品の洗濯方法

手編みの作品はデリケートなので洗濯にも気を配りましょう。作品に使った毛糸のラベルを見て、洗濯方法を確認します。

手洗いの方法

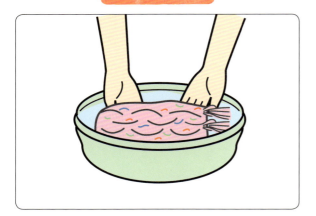

自宅で手洗いする場合は上から編み地を押し洗いするのではなく、作品の下に手を入れて編み地に洗濯水を静かに通すように上下させましょう。絞るときも力を入れずに、優しく押すように絞ります。

毛糸ラベルの見方

30℃以下の水で中性洗剤で手洗いできる。	塩素系漂白剤は使用できない。	アイロンは中温（140～160℃）であて布をしてかける。
ドライクリーニングができる。	手で絞る場合は弱く。脱水の場合は短時間で。	干すときは日陰で平干しをする。

Lesson4

作品を編んでみよう

ここからは、この本に掲載されているテクニックを使用した、素敵でおしゃれな作品の作り方を紹介しています。編み図を掲載しているだけでなく、難しいポイントは写真で解説しているので、初心者さんでも気軽にチャレンジできるはず。

お花のブローチ＆ヘアピン

花びらが3重になった華やかな立体のお花は、裏引きあげ編みを使ったシンプルなデザイン。編む糸によって大きさや印象が変わります。

A

B

C

大きさ比較

【材料と道具】

A
使用糸…ハマナカ アランツイード
　　　　ブルー（13）8g
その他…ブローチピン 4.5cm
使用針…かぎ針 8/0 号

B
使用糸…ハマナカ アルパカモヘアフィーヌ
　　　　濃ピンク（11）
　　　　薄ピンク（12）　各2g
その他…カブトピン 4.5cm
使用針…かぎ針 4/0 号

C
使用糸…ハマナカ アプリコ
　　　　白（1）2g
　　　　（お花 1 個分）
その他…ヘアピン（丸皿つき）
使用針…かぎ針 3/0 号

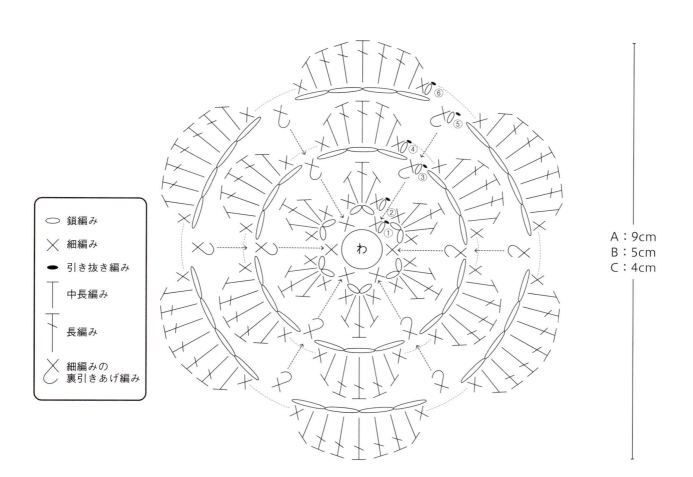

A：9cm
B：5cm
C：4cm

【編み方】
［つくり目・1 段め］輪のつくり目で細編みと鎖編み 2 目を編み図にしたがって編み入れます。
［2 段め］1 段めで編んだ鎖編みを束に拾って、細編み・中長編み・長編みを図のように編みます。
［3 段め］立ち上がりの鎖編みを編み、1 段めの細編みに細編みの裏引きあげ編みを編みつけ、続けて鎖編み 3 目を編みます。
　　　　図のように 1 周編み、最初の裏引きあげ編みに引き抜きます。
［4・5・6 段め］図にしたがって編んでいきます。
［仕上げ］ピンをとじつけ、ヘアピンは丸皿をボンドで留めます。

Lesson 4

細編みの裏引きあげ編み

3枚重なった花びらは、3段めと5段めで裏引きあげ編みを使って裏側に花びらを編み重ねていきます。1〜2段めを編み終わり、2段め最後の引き抜き編みをしたところから説明します。

［お花のブローチ＆ヘアピン］細編みの裏引きあげ編み

【3段め】　※糸はわかりやすいように3段めと5段めを黄色で編んでいます。

1. 2段めを編み終わり、立ち上がりの目に引き抜いて鎖編みを1目編んだところです。

2. 1段めの細編みを拾うように裏から針を入れます。矢印のように表から裏にも針を入れます。

3. 針を入れたところです。

4. 裏に出ている針の先に糸をかけて、矢印のように引き出します。

5. 引き出したところです。

6. 針に糸をかけて、矢印のように2本のループを引き抜きます。

7. 細編みの裏引きあげ編みが1目編めました。

8. 表から見ると、写真のように1段めの細編みに糸がかかっています。

9. 続けて鎖編みを3目編み、矢印のように針を入れて1段めの次の細編みに裏引きあげ編みを編みます。

10. 細編みの裏引きあげ編みが編めました。9をあと5回くり返して、3段めを編み進めます。

11. 最後の鎖編み3目を編んだら、3段め最初の細編みの裏引きあげ編みの頭2本に針を入れて糸をかけ、矢印のように引き抜きます。

12. 引き抜いたところです。これで3段めが編み終わりました。

【4段め】

13. 立ち上がりの鎖1目を編んだら、3段めで編んだ鎖編みの部分に、細編み・中長編み・長編み3目・中長編み・細編みの順で7目を束に編みます。それぞれの目の高さによって花びらのような形になります。

【5段め】

14. 3段めの細編みの裏引きあげ編みに裏から針を入れ、再び細編みの裏引きあげ編みを編みます。

15. 5段め1目めの、細編みの裏引きあげ編みが編めました。続けて鎖編み5目と細編みの裏引きあげ編みをくり返して5段めを編みます。

ポイント カブトピンのつけ方

見た目もオシャレなカブトピンは小物によく登場する金具。
つけたい位置に置いてみて、表から見てバランスを確認してから位置を決めます。

1. 始末をせずに残しておいた編みはじめの糸を、とじ針に通します。つけたい位置にカブトピンを置き、縫いつけます。(→P152)

2. ピンの端の丸くなった部分が見えなくなるくらい、広い範囲を留めます。このとき、表に糸が見えないように注意します。

3. カブトピンのとじつけができました。ピンが表から見えないようにしたいときは、中心をずらしてとじつけましょう。

Lesson 4

バスケットカバー

四角いモチーフを引き抜き編みでつなげたバスケットカバー。モチーフの中心は5色構成ですが、落ち着いた色合いでインテリアになじみます。

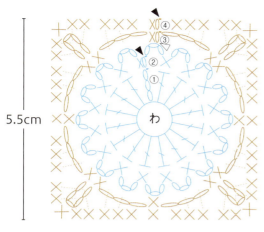

【モチーフ】

【材料と道具】
使用糸…ハマナカ フェアレディ 50
[中央配色] a：黄色（98）
b：水色（55）
c：紫（100） 各10g
d：若草色（86）
e：ネイビー（27）
[ベース・縁編み]
ベージュ（52）75g
使用針…かぎ針 5/0 号

── =ベース色（3, 4段）
── =配色（1, 2段）
◁ =糸をつける
◀ =糸を切る

○ 鎖編み
T 長編み
● 引き抜き編み
× 細編み
鎖3目の引き抜きピコット

【縁編み】

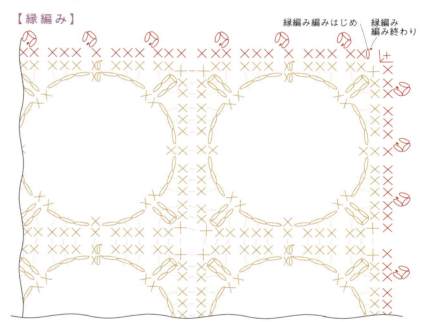

【編み方】
[モチーフ] 各配色で輪のつくり目をして編み図通りに2段編み、ベースのベージュ色で3～4段めを編みます（束に編む）。編み終わりは、とじ針を使って目をつくるように最終段の糸始末（→P150）をします。各7枚ずつ作ります。

[モチーフつなぎ] ベージュ色で❶～❿の順番で全目引き抜き編みでつなげます。

[縁編み] 最後に周囲をベージュ色でピコットの縁編みをします。

【モチーフの配列とつなぐ順】

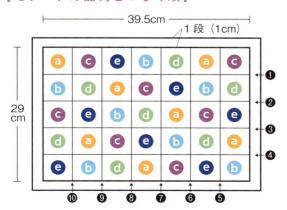

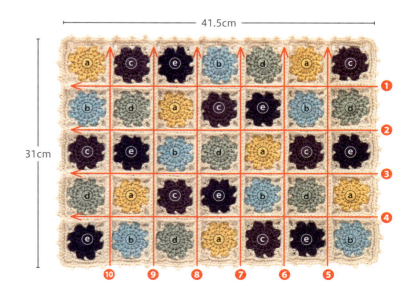

Lesson 4 ［バスケットカバー］

Lesson 4

別糸のつけ方

モチーフは配色の糸で中心の2段を編んだら、ベース色の糸をつけて残り2段を編んで完成させます。鎖編みを束に拾って糸をつけるときはゆるみやすいので、ここに紹介する方法でつけましょう（ほかのつけ方は→P148）。

1. 2段めを編み終わったら糸始末をし、鎖編みの下のスペースからベージュの糸を引き出します。

2. 立ち上がりの鎖編み1目を編んだら、矢印のように糸端を糸玉側の糸にかけます。

3. 糸がかかった状態で、針を同じ位置に入れて糸を引き出します（束に編む）。

4. 糸を引き出したところです。針に糸をかけて矢印のように引き抜き、細編みを編みます。

5. 細編みが1目編めました。続けて鎖編みを3目編んでモチーフを編み進めます。

モチーフのつなぎ方

全目引き抜き編みでつなぎます。作品は横を全て（P161 ❶〜❹）つないでから、縦を（P161 ❺〜❿）つなぎますが、ここでは横2枚（右図❶）と縦2枚（右図❷）をつなぎます。
※つなぐ糸はわかりやすいように色をかえています。

2枚を横につなげる

1. 外側に表がくるように（外表に）ⓒとⓓの2枚のモチーフを重ねて、モチーフの角の目のそれぞれの頭の2本を拾って針を入れます。つなぐ糸を針にかけて、引き抜きます。

2. 引き抜いたところです。全目を拾って糸は安定しているので、糸を安定させるための鎖編みは不要です。

3. 隣の目のそれぞれの頭の2本を拾い、糸をかけて引き抜きます。

4. これで全目引き抜きが1目編めました。

5. 3を同様にくり返して、端までつなげていきます。

4枚を横につなげる

6. ⓒ、ⓓのモチーフを端までつないだら、ⓐ、ⓑのモチーフを外表に重ねて隣に用意します。

7. ⓐ、ⓑの角の目のそれぞれ頭の2本に針を入れ、引き抜きます。ⓐ、ⓑもⓒ、ⓓと同じように全目引き抜き編みでつなげていきます。

8. 4枚のモチーフを横につなげました。次は縦方向をつなぐので、矢印のように編み地を90度回転させます。

9. ⓑとⓓのモチーフを外表に重ねて1〜5のように編み進め、端の目に針を入れ、引き抜きます。

10. 続けてⓐとⓒのモチーフの角の目のそれぞれの頭の2本に針を入れ、引き抜きます。

11. 引き抜いたところです。4枚のモチーフがつながる部分は横から見るとこうなります。ⓐとⓒを同様に編みつないでいきます。

12. モチーフ4枚がつながりました。必要分が全てつながったら、糸を始末します（→P150）。

| Lesson 4

シュシュ

ヘアゴムを編みくるみながらつくるシュシュは、目を多く編み入れることでフリルのようなデザインになります。縁にビーズを編み込むと、ゴージャスな雰囲気に。

【材料と道具】

A
使用糸…ハマナカ アプリコ
　　　　ホワイト（1）10g
その他…丸大ビーズ
　　　　シルバー 360個
　　　　リングヘアゴム（直径 5cm）
使用針…かぎ針 4/0号

B
使用糸…ハマナカ アプリコ
　　　　アプリコット（2）10g
その他…リングヘアゴム（直径 5cm）
使用針…かぎ針 4/0号

C
使用糸…ハマナカ アプリコ
　　　　ベース：黄色（17）7g
　　　　配色：薄黄色（16）4g
その他…リングヘアゴム（直径 5cm）
使用針…かぎ針 4/0号

- ○ 鎖編み
- T 中長編み
- ● 引き抜き編み
- ∓ 長編み
- × 細編み

= 1つの鎖編みに
3つのビーズを入れて編む
（Aのみ）

◁ ＝糸をつける
◀ ＝糸を切る

※Cの場合は、下の【編み方】
を参照して、糸の色を変える

ゴム
立ち上がりの鎖編みを含め
中長編み 80目
編み入れる

12cm

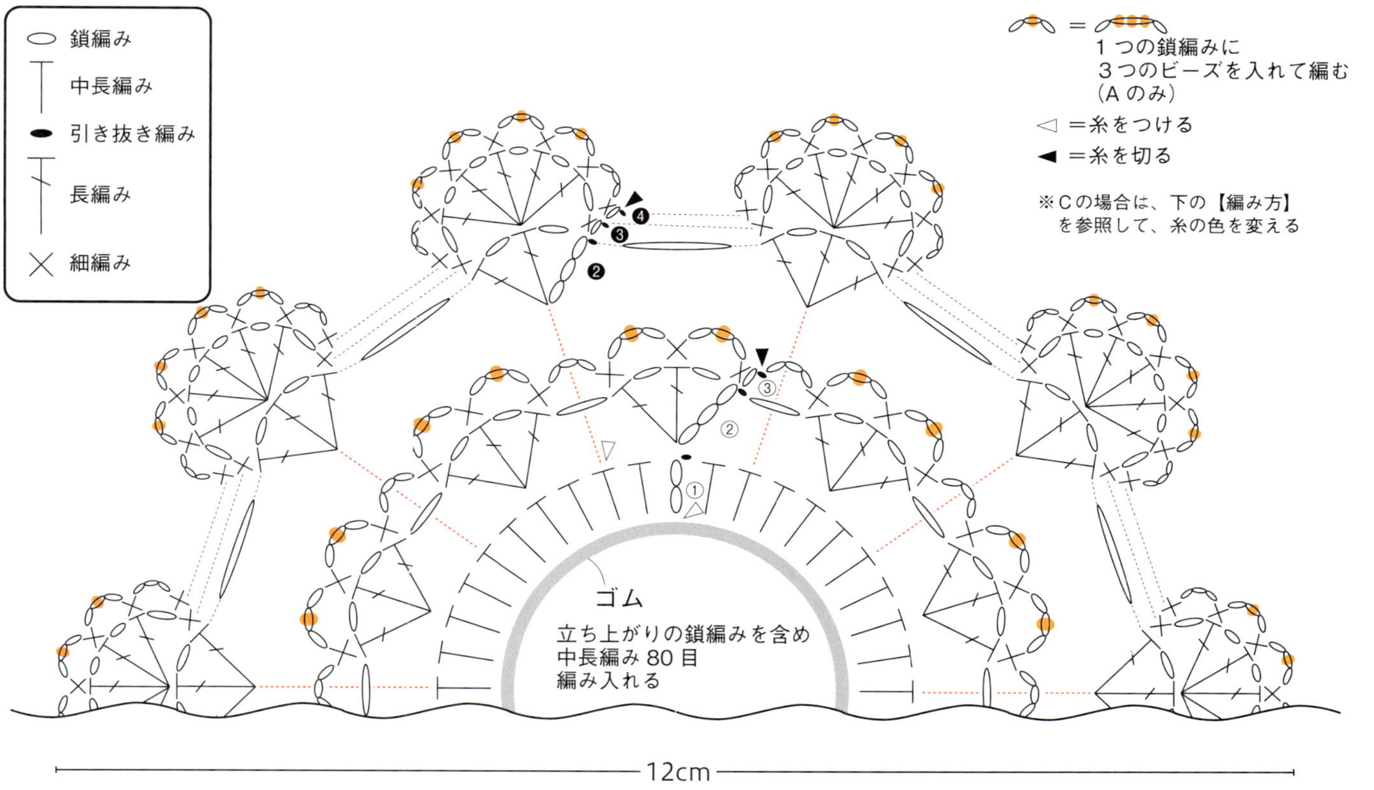

【編み方】

A
[準備] 360個のビーズを糸に通しておきます。
[1段め] ヘアゴムを編みくるみながら、中長編みを立ち上がりの鎖編みを含め80目編み入れます。
[2段め] 図の通りに長編みと鎖編みを編みます。
[3段め] 図の位置でビーズを入れながら鎖編みと細編みを編みます。
[後ろ側❷〜❸段め] 後ろ側はフリルが交互になるように編みはじめをずらし、1段めの図の位置に糸をつけて❷〜❸段めを編みます。
[❹段め] 図の位置でビーズを入れて鎖編みと細編みを編みます。

B
[1段め] ヘアゴムを編みくるみながら、中長編みを立ち上がりの鎖編みを含め80目編み入れます。
[2段め] 図の通りに長編みと鎖編みを編みます。
[3段め] 図の通りに鎖編みと細編みを編みます。
[後ろ側❷〜❹段め] 後ろ側はフリルが交互になるように編みはじめをずらし、1段めの図の位置に糸をつけて❷〜❹段めを編みます。

C
[1段め] ベース色の糸でヘアゴムを編みくるみながら、中長編みを立ち上がりの鎖編みを含め80目編み入れます。
[2段め] 図の通りに長編みと鎖編みを編みます。
[3段め] 配色の糸をつけて図のように鎖編みと細編みを編みます。
[後ろ側❷〜❸段め] ベース色の糸で編みます。後ろ側はフリルが前段と交互になるように編みはじめをずらし、1段めの図の位置に糸をつけて❷〜❸段めを編みます。
[❹段め] 配色の糸をつけて図の通りに編みます。

Lesson 4 ゴムの編みくるみ方

[シュシュ]ゴムの編みくるみ方

リングの編みくるみ方（→ P153）と同じ要領で、ゴムを中長編みで編みくるみます。ゴムが見えないように詰めて編むのがコツです。

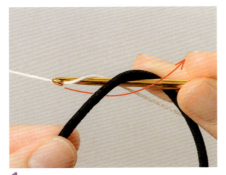

1. ゴムの中に針を入れて糸をかけ、矢印のように引き出します。

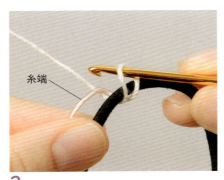

2. 引き出したら、糸端を糸玉側の糸の向こうから手前に引っかけます。

糸端

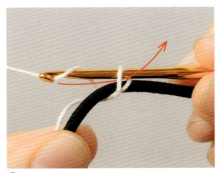

3. 針に糸をかけて、矢印のようにループを引き抜きます。

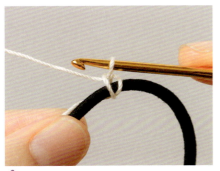

4. 引き抜いたところです。これでゴムに糸がつきました。

5. 続けて立ち上がりの鎖編みを2目編みます。

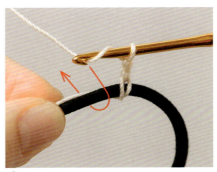

6. 針に糸をかけ、矢印のように針を入れてゴムと糸端を編みくるむように糸を引き出して中長編みを編みます。

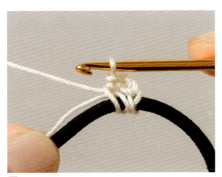

7. 中長編みが1目編めました。

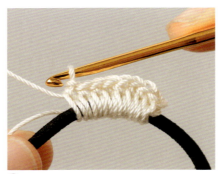

8. 同じようにして中長編みで編みくるんでいきます。1目編むごとに目を寄せ、ゴムが見えないように詰めて編みます。

ビーズを編み入れる

ビーズを編み入れる編み方（→ P116）で、鎖編みのなかにビーズを編み入れます。
バランスよくビーズがつくように、糸のゆるみに注意しましょう。

1. 立ち上がりの鎖1目を編み、前段の立ち上がりの3目めに細編みを1目編んだら、鎖編みをもう1目編みます。

2. ビーズ3個を引き寄せます。

3. 糸がゆるまないようにして糸をかけ、鎖編みを1目編みます。

4. 鎖編み1目にビーズ3個を編み入れました。

5. もう1目鎖編みを編んで、長編みの頭に細編みを編みます。

6. 編み図の通りに3段めを編み進めます。

後ろ側❷段めを編む

後ろ側の❷段めは、1段めの中長編みの頭に糸をつけて編みはじめます。
手前側のフリルと重ならないように、編みはじめ（糸をつける場所）の位置をずらします。
※わかりやすいように糸の色を替えています。

1. 編み図の「糸をつける」位置の中長編みの頭の鎖2本に、矢印のように針を入れます。

2. 針を入れたら、新しくつける糸を針にかけて矢印のように引き出します。このとき、邪魔にならないように編み地を手前に倒しておきます。

3. 続けて立ち上がりの鎖3目を編みます。

4. 同じ目に、鎖編み→長編み→鎖編み→長編みの順に編み入れます。

5. 編み図の通りに後ろ側の❷段めを編み進めます。

Lesson 4 玉編みのベレー帽

中心から丸く編み広げていくベレー帽は、玉編みをたくさんほどこしたふんわりとフェミニンなデザイン。引きあげ編みを使って立体的なゴム編み風に編んでいます。

【材料と道具】
使用糸…ハマナカ ソノモノ アルパカウール（並太）
　　　　グレー（62）80g
使用針…かぎ針 6/0 号

【編み方】
[つくり目・1段め] 輪のつくり目をして、長編み3目の玉編み、鎖編みを編み入れ、図のように編み進めていきます。
[2～10段め] 増し目をしながら丸く編みます。
[11～13段め] 増減なしでそのままの目数で編みます。
[14～15段め] 減らし目をして内側にせばめていきます。
[16～18段め] 増減なしで図の通りに編み、18段めで長編みと長編みの表引きあげ編みを交互に編みます。
[19段め] 増減なしで、細編みを編みます。

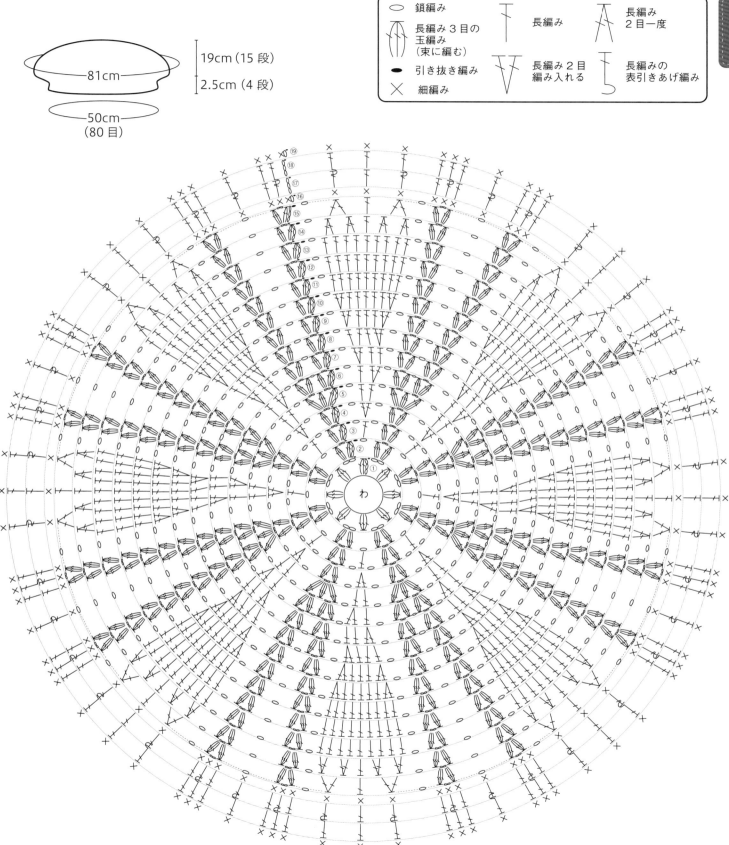

Lesson 4

1段め終わりから2段めはじめ

編み図では、1段めと2段めの玉編みの編む位置がずれます。
段の終わりの引き抜き編みをしたら、もう1目隣で引き抜いて玉編みを編むようにします。

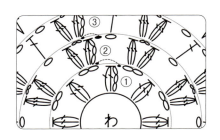

[玉編みのベレー帽] 1段め終わりから2段めはじめ

1. 1段め最後の鎖編みが編めました。矢印のように1つめの玉編みの頭に針を入れて引き抜きます。

2. 1段めが編み終わりました。

3. 次は鎖を束に拾って針を入れ、糸をかけて矢印のように引き抜きます。

4. 引き抜いたところです。ここから2段めの立ち上がりの鎖3目を編みます。

1段めの玉編み

5. 立ち上がりの鎖3目と長編み2目の玉編みを束に編み入れました。1段めの玉編みとはずれています。

6. 続けて鎖編み2目を編み、同じ場所に長編み3目の玉編みを束に編み入れたところです。このまま編み図通りに編み進めていきます。

長編みの表引きあげ編み

引きあげ編みは、編み地を前後に立体的にする編み方です。

1. 18段めの立ち上がり鎖3目を編みます。針に糸をかけて前段の次の目に矢印のように針を入れます。

2. 針を入れたところです。針に糸をかけて糸を長めに引き出します。

3. 糸を引き出しました。糸をかけて矢印Ⓐのように引き抜いたあと、さらに糸をかけ矢印Ⓑのように引き抜きます。

4. 長編みの表引きあげ編みが1目編めました。

5. 隣の目に長編みを1目編みます。

6. 2～5をくり返し、長編みの表引きあげ編みと長編みを交互に編んで18段めを編み進めていきます。

7. 18段め最後の長編みの表引きあげ編みが編めました。立ち上がりの鎖3目めの半目と裏山に針を入れて引き抜きます。

8. 18段めが編み終わりました。

Lesson 4

モチーフつなぎの
ショール

大きめの花モチーフをつないだショールは、肩にかけても首に巻いても華やか。モチーフを編みながらつないでいく方法で編んでいきます。

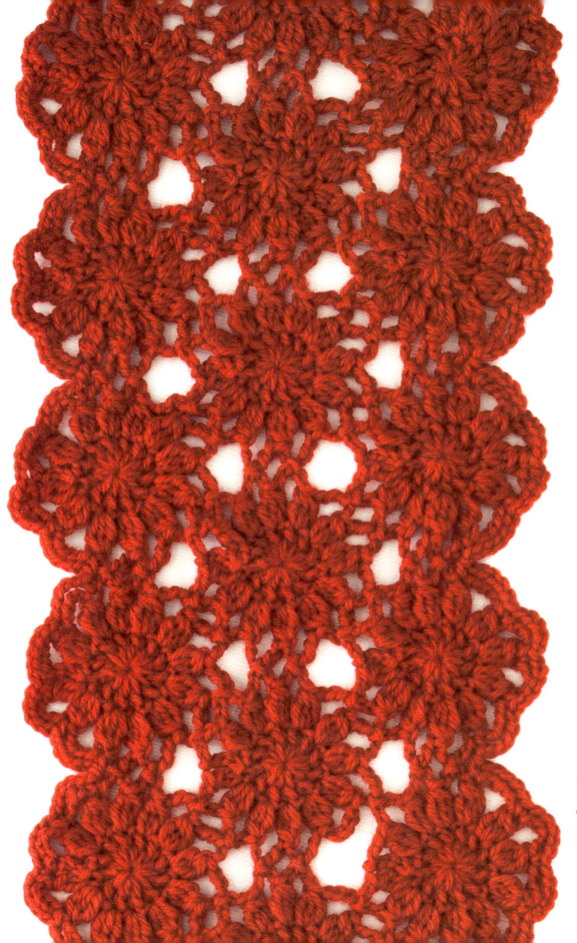

Lesson 4 ［モチーフつなぎのショール］

ひとつひとつのモチーフをよく見ると、大輪のダリアの花のよう。

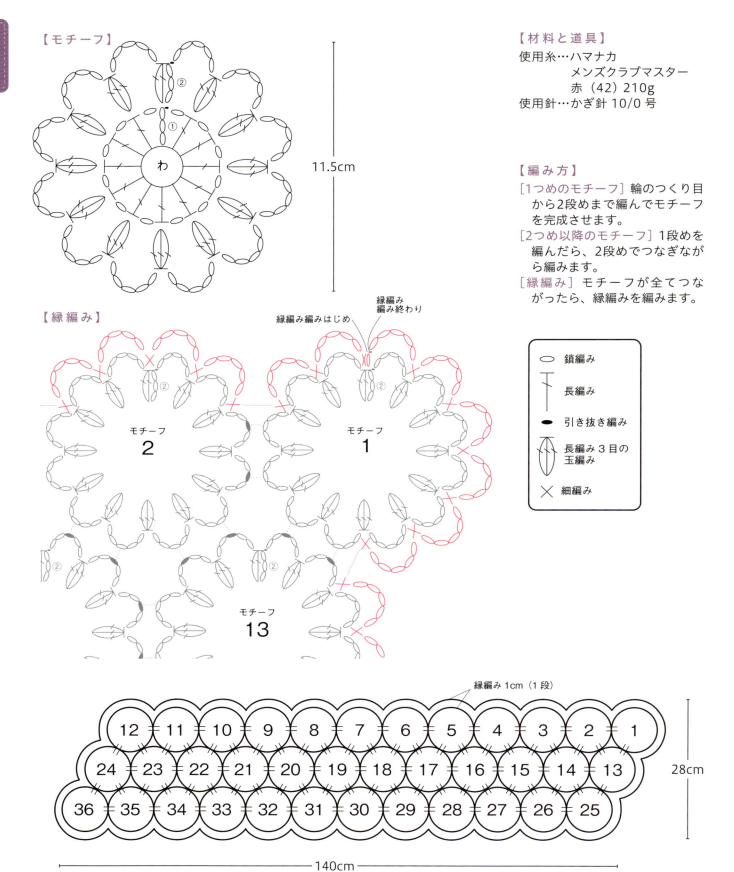

モチーフのつなぎ方

モチーフを編みながら、2段めでつないでいきます。2列め（13枚めのモチーフ）以降になると、多いときで6か所つなぐので、何枚めを編んでいるかを確認しながら編み進めましょう。
※わかりやすいように糸の色をかえています。

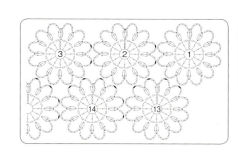

【1列め】

1. 2枚め（ピンク）のモチーフの2段めの鎖編みを編みながら、1枚め（白）のモチーフにつないでいきます（→P136）。

2. 1枚めの2段めの鎖編みに、引き抜き編みで2か所つなぎました。

3. 2枚めのモチーフの2段めを最後まで編みました。

4. 1～3をくり返して、1列めは前のモチーフに新しいモチーフを2か所つなげて編み進めていきます。

【2列め】

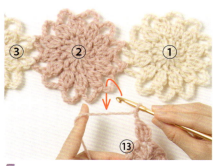

5. 13枚めのモチーフの2段めを編みながら、1、2枚めのモチーフにつないでいきます。

6. まず2枚め（ピンク）のモチーフに引き抜き編みでつなぎ、続けて2段めを編み進めます。

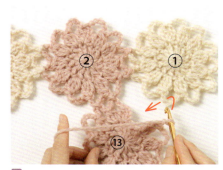

7. 2か所を1枚めのモチーフ（白）につなげます。

8. 2か所つないだら13枚めのモチーフを編み終わりまで編みます。

9. 14枚めのモチーフの2段めを編みはじめ、3枚めのモチーフ（白）の鎖編みに引き抜き編みでつないでいきます。

10. 14枚めが3枚のモチーフにつながりました。14枚めのモチーフを続けて編みます。

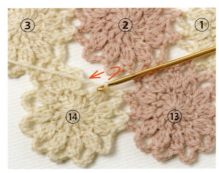

11. 編み図にしたがって、鎖編みで13枚めのモチーフ（ピンク）にも2か所つなげます。続けて2枚めのモチーフ（ピンク）にもつなげます。

12. 2列めの2個のモチーフ（⑬と⑭）を1列めにつないだところです。

縁編み

周囲に鎖編みと細編みの縁編みをして仕上げます。

1. P151「糸のつけ方［細めの糸の場合］」を参照して、1枚めのモチーフの2段め編みはじめの玉編みに糸をつけます。立ち上がりの鎖1目と細編みを編みます。

2. 鎖編みを5目編み、矢印のように玉編みの上に細編みを編みつけます。

3. 続けて鎖編みを5目編み、矢印のように針を入れて玉編みの上に細編みを編みます。

4. 続けて編み図の通りに2枚めのモチーフの玉編みの上に細編みを編み、鎖編みを5目編んだところです。

5. 2〜4をくり返してショールの周囲に縁編みをします。1枚めの縁編みの編みはじめの位置まで戻ってきました。

6. 縁編み編みはじめの細編みの頭に、引き抜き編みをして完成です。

麻ひもの
ミニバッグ

麻ひもをざくざくと編んだバッグは、ちょっとしたお出かけやバッグ in バッグとしても役立ちます。シンプルなつくりに縁編みをほどこして、かわいらしく仕上げました。

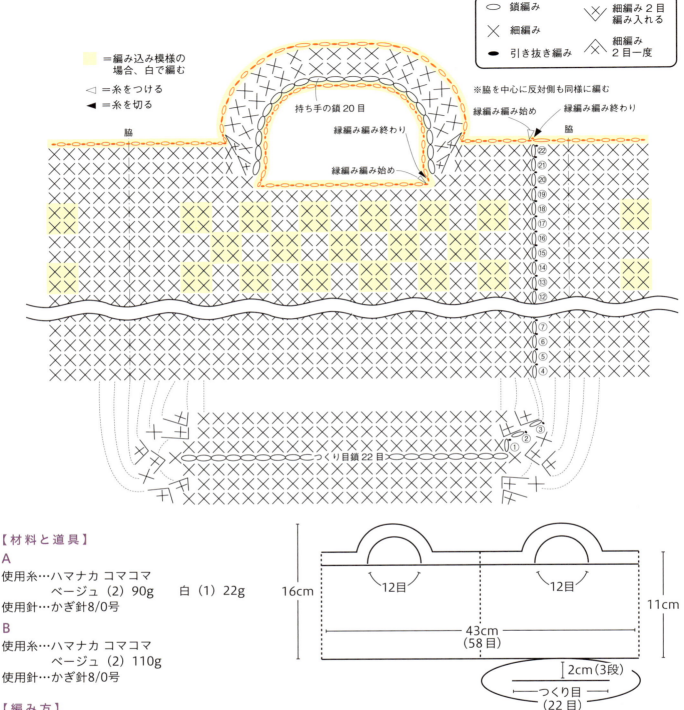

【材料と道具】

A
使用糸…ハマナカ コマコマ
　　　　ベージュ（2）90g　白（1）22g
使用針…かぎ針8/0号

B
使用糸…ハマナカ コマコマ
　　　　ベージュ（2）110g
使用針…かぎ針8/0号

【編み方】

[つくり目] 鎖編みを22目編みます。
[1段め] 立ち上がり1目を編んだら、半目と裏山を拾い細編みを21目編んで端の目には細編みを3目編み入れます。
　　反対側は残りの半目を拾って、細編みを編みます。端の目には細編みを2目編み入れます。
[2〜3段め] 図のように両端で増やし目をしながら編みます。
[4段〜19段め] 増減なしに細編みで編みます。Aを編むときは13段めから配色糸を使い、図の黄部分に白の糸で編み込みます（→P146）。
[20段め] 持ち手部分を鎖編みでつくりながら編みます。
[21〜22段め] 持ち手部分は鎖半目と裏山を拾って細編みを編みます。根元の部分では減らし目をします。
[縁編み] 鎖編みと引き抜き編みを1目ずつくり返して縁編みを編みます。

だ円の底を編む

だ円の形を編むときは、鎖編みのつくり目の両端に目を複数編み入れて増やしていきます。端だけに増し目をすることでだ円になります。

【1段め】

1. つくり目を22目編んだら、立ち上がりの鎖1目を編みます。矢印のように鎖半目と裏山を拾うように針を入れます。

2. 1目めの細編みが編めました。続けて鎖半目と裏山を拾って2目め以降も細編みを編んでいきます。

3. 端の目に細編み1目編みました。

4. 同じ目にもう1目細編みを編み入れたら、編み地を矢印の方向に90度回転させます。

5. もう1目同じ目に細編みを編み入れます。これで端の目に細編み3目が編めました。

6. つくり目の反対側は、鎖半目を拾って編みはじめの糸端を編みくるみながら細編みを編んでいきます。

7. 反対の端の目には細編みを2目編み入れます。

8. 1目めの細編み頭2本に引き抜き編みをして、1段めが編み終わりました。

【2段め】

9. 2段めの両端は、1段めで編み入れた細編み3目それぞれに細編みを2目ずつ編み入れます。

10. 左側の端の増し目が編めました。

【3段め】

11. 3段めの両端は、「細編みを2目編み入れる」と「細編み1目」を3回くり返して、編み図の通りに編んでいきます。

12. 左側の増し目が編めました。

持ち手を編む

持ち手は鎖編み20目を編み、その上に細編みを編んでつくります。根元の部分の減らし目がポイントです。

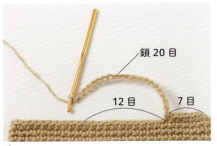

1. 20段めの立ち上がりの鎖1目を編み、細編みを7目を編んだら鎖編みを20目編みます。

2. 12目あけて13目めに針を入れ、続けて細編みを17目編んでいきます。反対側も同じように20目の鎖編みと細編みを編みます。

3. 21段めも立ち上がりの鎖1目を編み、細編みを6目めまで編みます。

4. 前段7目めと鎖編み1目めの鎖半目と裏山から糸を引き出し、一度に引き抜いて細編み2目一度を編みます。

5. 減らし目ができました。

6. 続けて鎖編みの鎖半目と裏山を拾って細編みを18目編みます。

7. 持ち手の左側も、持ち手最後の鎖編みと根元の細編みを拾って、細編み2目一度を編みます。その後は続けて細編みを編み進めます。

8. 22段めの7目め（持ち手右側）は、前段で2目一度を編んだ目と隣の細編みの頭の鎖を拾って細編み2目一度を編みます。

9. 24目め（持ち手左側）も、右と同じように前段で2目一度を編んだ目とその手前の細編みの頭の鎖を拾って細編み2目一度を編みます。

縁編み

鎖編み1目と引き抜き編みをくり返して編むので、ギザギザ模様のような縁編みになります。シンプルな麻ひものバッグによいアクセントがつきます。

1. 立ち上がりの鎖1目を編みます。色を替えるときは、ここに新しい糸をつけます。

2. 同じ目に引き抜き編みをします。続けて鎖編みを1目編んだら、隣の目に引き抜き編みをします。これをくり返します。

3. 持ち手の部分も含めて、1周縁編みが編み終わりました。最初の引き抜き編みと同じところに引き抜きます。

4. 糸端を15cm程度残して切り、針にかかっていたループを大きく広げて糸端を編み地から抜きます。

5. 糸端をとじ針に通して、糸端を編み地にくぐらせて始末します。

6. 外側は編み終わりました。次は持ち手の内側の縁編みをします。

7. 編み図の「糸をつける」の印の部分に糸をつけます。

8. 同じように、鎖編み1目と引き抜き編みをくり返して縁編みを編みます。最後は4〜5をくり返し、糸を始末します。

かんたんゲージ講座

そもそもゲージってなに?
ゲージとは、作品を編むときの「基準になる編み目の大きさ」のこと。通常は縦10cm×横10cmのなかに何目・何段入っているかを表しています。

どうしてゲージが必要なの?
編みものは、編む人の手加減や癖によってサイズが変わってしまいます。本に書いてある通りの毛糸で、同じ目数・段数で編んでもサイズが全く違うこともあるので、ゲージを測ってそれを修正するのです。

【細編み】

20目 / 24段

【長編み】

20目 / 10段

編み地を縦15cm×横15cm程度編んで、スチームをあててヨレを直します。10cm×10cmのメジャーをあて、そのなかに編み目が何目、何段編めたかを数えます。模様編みの場合は、1模様や1枚のサイズで表示されるなどさまざまなので、本の表記に従いましょう。

ちなみに…
毛糸のラベルにある「標準ゲージ」を確認します。●目●段という表示は、その毛糸を参考使用針で編んだときの縦10cm×横10cmのなかに入る目数と段数です。

ゲージを編んでみよう

実際にゲージを編んでみましょう。バッグや小物などはゲージをあまり気にしなくてもOKですが、帽子やウエアなど、サイズが重要な作品にはゲージが必要です。

作品のゲージより目数・段数が少なかった
→ ゆるく編みすぎてしまった

【対策】
・針を1～2号細くする。
・細い糸に替える。
・編み方（糸の引き抜き方など）をきつくする。

作品のゲージより目数・段数が多かった
→ きつく編みすぎてしまった

【対策】
・針を1～2号太くする。
・太い糸に替える。
・編み方（糸の引き抜き方など）をゆるくする。

【標準サイズ】

作品に合うゲージが編めたら、最後まで同じ手加減で編むようにしましょう。

お悩み解決！ Q&A

Q 輪のつくり目のほかに丸く編む方法はあるの？

A 鎖編みを編んで、それを輪にする方法があります。「輪のつくり目」よりも簡単ですが、中心が引きしめられないので真ん中に穴があきます。

つくり目

1. 鎖編みを6目編みます。この目数は編み方の指示に従います。

2. つくり目1目めの半目と裏山に針を入れ、針に糸をかけて引き抜きます。

3. 鎖編みのつくり目ができました。

1段め

4. 立ち上がりの鎖を1目編み、中心の輪に針を入れて鎖編みを束に拾って細編みを編み入れていきます。

5. 細編みが1目編めました。残り11目を同じように編み入れます。

6. 1段めの12目を編み入れました。中心の輪は引き締められないので、あいたままです。

Q 編み地の回転方向って、どうして決まっているの?

A 編み地を回転させる前に編む次の段の「立ち上がりの目」が、回転方向を間違えることでよじれてしまうからです。

間違った回転

編み地を間違って回転させると、立ち上がりの目がよじれているのがわかります。

正しい回転

左回りに回転させると、立ち上がりの目がまっすぐになります。

Q 立ち上がりの目を1目に数えるってどういうこと?

A 細編みは立ち上がりの目を1目に数えませんが、中長編み・長編み・長々編みは1目に数えます。これによって2段め以降に1目めを編む・編まないが決まります。

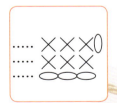

立ち上がりの目を1目めに数えない細編みは、1目めを立ち上がりの目の足元に編みます。

＊細編み＊

長編みは立ち上がりの目を1目めとしてカウントするため、次の目に2目めを編みます。

＊長編み＊

Q 立ち上がりの目を編まずにグルグルと編み進めるとどうなる?

A 輪編みのとき入ってしまう立ち上がりの目による「筋」が生じないので、きれいに編み上がります。ただし、立ち上がりの目を編まないので、編み終わりがわかりづらいため、目印をつけながら編みます。

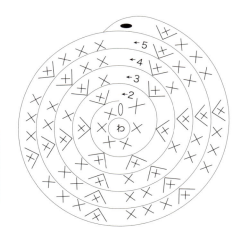

1. 輪のつくり目(→P34)をしたら立ち上がりの1目を編み、1段めに細編みを6目編み入れて輪の中心を引きしめます。

2. 1段め1目めの細編みの頭の鎖に針を入れて、2段めの1目めの細編みを編みます。

3. 2で編んだ2段め1目めにリングやクリップで印をつけたら、1段めの細編みに2目ずつ編み入れていきます。2段め以降は立ち上がりを編まないので、何段めを編んでいるかの印をつけながら編みます。

4. 3段めの細編み1目めを編んだら、リングをつけかえます。こうして各段の1目めにリングをつけかえながら、編み図の通りに編み進めます。

5. 編み終わりの最後の目は、前段の1目め(段目リングの目)に針を入れて引き抜き編みを編みます。

6. 5段めまで編めました。立ち上がりの目の線が出ずに輪編みができます。

Q 輪編みを編んでいると、目が斜めにずれていくような気がします。

A これは「斜行」という輪編みの特徴で、編み目の頭と足の位置のずれからくるものです。

編み目の頭は足よりも右側にずれているので、一方向に編む輪編みを編み進めていくと少しずつ編み目が右斜めになっていきます。これを斜行といいますが、立ち上がりの目を編む場合は線が出るので、この斜行が目立ちやすいのです。これを避けるために表と裏を交互に編むこともあります。

Q きれいに編むコツを教えて!

A 基本は糸を引き出すときの力加減を均等にすることですが、
・糸と針を正しく持つ。
・糸を持つ方の左手も同じ強さで持つ。
・針の太くなっている部分まで使って編む。
などのコツもあります。でも何事も「慣れや経験」なので、たくさん作品を編んでいくうちにきれいに編めるようになります。

> **Q** 基本的な編み方だけで、どこまで素敵な模様ができますか？

> **A** 難しいテクニックを使わなくても、簡単な編み目の組み合わせだけでかわいい模様を編むことができます。たとえば、長編み5目一度などを用いた「松編み」や、長編みと鎖編みを組み合わせた透け感のある「シェル編み」などがあります。

＊松編み＊
松の葉が重なっているような模様の松編みは、模様編みの代表です。

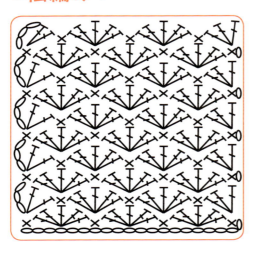

＊シェル編み＊
透かし模様になっているシェル編みは、貝殻のようなデザインからついた名前です。

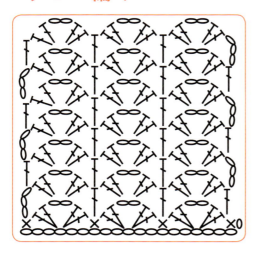

Q 本で指定された毛糸で編まないとダメ？

A そんなことはありません。好みの毛糸を、いろいろ試してみましょう！ 下の編み地は全て同じ細編みで編んでいますが、見た目がこんなに違います。ただし毛糸を替える場合はできあがりサイズをそろえるために、ゲージ（→P182）を取ることが基本です。

＊ストレートヤーン＊

ストレートヤーンは編み目がはっきりと見え、初心者が編みやすい毛糸です。模様編みなどにも向いています。

＊ファンシーヤーン＊

いろいろな加工をほどこした糸。毛が立っているので肌ざわりがよく、もこもことしたした温かな風合いに仕上がります。

＊ループヤーン＊

芯の糸にループがついているループヤーンで編むと、編み地は厚くふんわりとします。かぎの部分にループがひっかかるので気をつけて編みましょう。

Q オリジナルの作品を作るにはどうしたらいい？

A まずは、上記のように糸の種類や太さをかえてみましょう。また、目数や段数を増やしたり減らしたりして、自分の好きなサイズに変更してもよいでしょう。さらに慣れてきたら、いままで編んだことのあるお気に入りの模様や形やデザインを組み合わせてみましょう。このようにして、オリジナルの作品づくりに挑戦してみてはどうでしょうか。

さくいん

あ
- 合太 … 12
- アイロン … 11
- アイロンでの仕上げ … 154
- アイロン用仕上げピン … 11
- 編み終わりの糸始末 … 150
- 編み方ページの読み方 … 21
- 編みくるみ方 … 153、166
- 編み込み模様 … 146、148
- 編み地の回転方向 … 185
- 編み図の読み方 … 22
- 編みながら細編みでつなぐ … 138
- 編みながら引き抜き編みでつなぐ … 136
- 編みはじめ … 27
- 編み目記号 … 22

い
- 市松模様 … 146
- 糸の替え方 … 147、149、151
- 糸のかけ方（針） … 27
- 糸のかけ方（左手） … 17
- 糸（糸端）の始末 … 32、33、49、150
- 糸（糸端）の始末の針の入れ方 … 49
- 糸の種類 … 13
- 糸の出し方 … 16
- 糸のつけ方 … 151、162
- 糸の向き … 29
- 糸端が見つからないとき … 16

う
- うね編み … 84
- うね編みとすじ編みの違い … 85

え
- 円編み … 19
- 円編みの編み終わりの引き抜き方 … 41

か
- 返しぬいとじ … 135
- かがりはぎ … 130
- かがりとじ … 134
- かぎ針 … 10、14
- かぎ針の持ち方 … 17
- 飾り編み … 110
- 角から目を拾う … 142
- カブトピンのつけ方 … 159
- 変わり中長編み3目の玉編み … 92
- 変わり長編み左上1目交差 … 104
- 変わり長編み右上1目交差 … 104
- 変わりバック細編み … 82
- かんたんな編みはじめ … 27

き
- 奇数段で色を替える … 148
- 逆Y字編み … 107

く
- 偶数段で色を替える … 149
- 鎖編み … 52
- 鎖編みをつなげるつくり目 … 184
- 鎖3目の引き抜きピコット … 108、109
- 鎖3目のピコット … 108
- 鎖とじ … 132、133
- 鎖と長編みのコード編み … 121
- 鎖の引き抜きはぎ … 129
- クロス編み … 106

け
- 毛糸 … 12
- 毛糸の種類 … 13
- ゲージ … 182

こ
- 交差編み … 102
- 交差編みと変わり交差編みの違い … 105
- コード編み … 120、121
- 極太 … 12
- 極細 … 12
- 細編み … 28、54
- 細編み3目編み入れる … 66
- 細編み3目一度 … 75
- 細編みのうね編み … 84
- 細編みのすじ編み（筒編み） … 87
- 細編みのすじ編み（平編み） … 86
- 細編みの裏引きあげ編み … 98、158
- 細編みの表引きあげ編み … 97、158
- 細編みの鎖とじ … 132
- 細編みのボタンホール … 122
- 細編みのボタンループ … 123
- 細編みのリング編み … 112
- 細編み2目編み入れる … 66
- 細編み2目一度 … 74
- ゴムの編みくるみ方 … 166

さ
- 最終段の糸始末 … 150

し
- シェル編み … 188
- 七宝編み … 114
- 斜行 … 187
- ジャンボかぎ針 … 10、14

す
- すじ編み（筒編み） … 87
- すじ編み（平編み） … 86
- スレッドコード編み … 121

せ
- 洗濯方法 … 154
- 全目巻きかがり … 141

そ
- 束に編む … 47、68

た
- 台の目 … 20、58
- だ円の底を編む … 179
- 正しい糸のかけ方 … 27
- 正しい糸の向き … 29
- 立ち上がり … 28
- 立ち上がりを編まない輪編み … 186
- 立ち上がりを数える・数えない … 185
- タッセル … 126
- 玉編み … 88
- 玉編みとパプコーンの違い … 96
- 段 … 20
- 段から目を拾う … 143
- 段目リング … 11

ち
- 中長編み … 58
- 中長編み5目のパプコーン編み … 94
- 中長編み3目編み入れる … 69
- 中長編み3目一度 … 77
- 中長編み3目の玉編み（束に編む） … 89
- 中長編み3目の玉編み（目に編み入れる） … 88
- 中長編み玉編みの飾り編み … 110
- 中長編みの裏引きあげ編み … 100
- 中長編みの表引きあげ編み … 100
- 中長編み1目交差 … 102

中長編み2目編み入れる ･････････ 68
中長編み2目一度 ･･････････ 76

つ
つくり目 ･････････････ 20、26
つくり目から目を拾う ･･･････ 28、29
つくり目の手加減 ･･････････ 53

て
手洗いの方法･･･････････････ 154

と
道具･･････････････････････ 10
とじ方････････････････････ 131
とじ針････････････････････ 10
とじ針に糸を通す ････････････ 33
とじ針のボタンループ ･････････ 125

な
長編み････････････････････ 60
長編み5目編み入れる(束に編む) ･･･ 73
長編み5目編み入れる(目に編み入れる) ･･ 72
長編み5目編み入れる縁編み ･････ 145
長編み5目の玉編み ･････････ 91
長編み5目のパプコーン編み ･････ 95
長編み5目を編み入れる模様 ･･････ 187
長編み3目編み入れる ･････････ 71
長編み3目一度 ･･････････････ 79
長編み3目の玉編み ････････････ 90
長編みの裏引きあげ編み ･･･････ 171
長編みの表引きあげ編み ･･･････ 101
長編みの飾り編み ･･････････ 111
長編みのクロス編み ････････････ 106
長編みのリング編み ････････････ 113
長編み1目交差 ･････････････ 102
長編み1目と2目の交差 ････････ 103
長編み2目編み入れる ･････････ 70
長編み2目一度 ･･････････････ 78
長編み2目と1目の交差 ････････ 103
長編み2目の玉編み2目一度 ･････ 93
長々編み ･････････････････ 62
並太･･････････････････････ 12

ね
ネット編み ････････････････ 118

は
パーツのとじつけ方 ････････ 152
はぎ方 ･･････････････････ 128
はぎととじ ･･････････････ 130
はさみ ･･････････････････ 10
端で多くの目を減らす ･････････ 80
バック細編み ･････････････ 81
パプコーン編み ･･･････････ 94
半目引き抜き編み ･･･････････ 139
半目巻きかがり ･･･････････ 140

ひ
ビーズを編み入れる ････ 116、117、167
ビーズの通し方 ･･････････ 116
引きあげ編み ･･･････ 97、99、158、171
引き抜き編み ･･･････････････ 56
引き抜き編み(輪編み) ･･････････ 57
引き抜き編みのボタンループ ････ 124
引き抜きコード編み ･･････････ 120
引き抜きとじ ････････････ 131
引き抜きの鎖とじ ･･････････ 133
引き抜きはぎ ････････････ 128
ピコット ･････････････････ 108
ピコットの縁編み ･･････････ 144
平編み･･････････････････････ 18
拾い目の方法(つくり目からの拾い目) ･･ 29
ピンのつけ方 ･･･････････ 152、159

ふ
縁編み･･････････････････ 144、176、181
フリンジ ･･････････････････ 126
ブローチピンのつけ方 ･･･････ 152

へ
別糸のつけ方 ･･･････････ 151、162
減らし目 ･････････････････ 74

ほ
方眼編み ････････････････ 119
ボーダー模様 ･････････････ 148
ボタンホール ･････････････ 122
ボタンループ ･･･････ 123、124、125
ポンポン ････････････････ 126

ま
巻きかがりとじ ･･･････････ 134
巻きかがりはぎ ･･･････････ 130

増し目 ･･････････････････ 66
間違えたときのリカバリー法 ･････ 31
まち針 ･･････････････････ 11
松編み･･････････････････ 188

み
三つ巻き長編み ･･･････････ 64

め
目･･･････････････････････ 20
目から目を拾う ･･････････ 142
メジャー ････････････････ 11
目に編み入れる ･･･････････ 47
目に編み入れると束に編むの違い ･･ 47
目の足 ･･････････････････ 20
目の頭 ･･････････････････ 20
目の数え方 ･･････････････ 20、53
目の高さ ････････････････ 65
目の拾い方 ･･････････････ 142

も
モチーフのつなぎ方 ･･ 136、139、162、175
持ち手を編む ･････････ 180、181
模様編み ････････････････ 146

や
やり直すときのリカバリー方法 ･････ 31

ら
ラベルの見方 ･････････････ 13、154

り
リング編み ･･････････････ 112、113
リングの編みくるみ方 ･･････････ 153

る
ループ ･･････････････････ 32

れ
レース針 ････････････････ 10、14

わ
Y字編み ････････････････ 107
輪のつくり目 ･････････････ 36、37
輪のつくり目の数え方 ････････ 38
輪のつくり目の引き締め ･･･････ 39

● 監修者紹介　おのゆうこ（ucono）

2006年ucono（ゆこの）を立ち上げ創作活動を始める。現在は手芸誌や手芸メーカーへのデザイン提供を中心に企画展での作品販売や初心者向けのワークショップでも活動中。著書に『カラフルなレース編み』『かぎ針で作る恐竜のあみぐるみ』『かぎ針と棒針で編む可愛いベビーニット＆こもの』（すべて日東書院本社）。
HP: https://ucono-amimono.com

- ● 作品撮影 ─── 渡辺淑克
- ● プロセス撮影 ── 中辻 渉
- ● スタイリング ── 大原久美子
- ● 本文デザイン ── 小倉奈津江（ユイビーデザインスタジオ）　山脇美佳
- ● カバーデザイン ─ 西 由希子（スタジオダンク）
- ● イラスト制作 ── つかべ美菜子　原山 恵　竹内真希　野島朋子　島田みゆき　レシピア
- ● 校正 ───── 向井雅子
- ● 編集協力 ─── 上原千穂（フィグインク）　元井朋子
- ● 資材協力 ─── ハマナカ株式会社
　　　　　　　　TEL.075-463-5151（代表）
　　　　　　　　https://www.hamanaka.co.jp/

※材料の表記は2015年10月現在のものです。
※印刷物のため、作品の色は実物と異なる場合があります。
※本書に記載されている作品・図版を許可なしに複製することは禁じられています。

やさしくわかる　かぎ針編みの基本

- ● 監修者 ───── おのゆうこ
- ● 発行者 ───── 若松 和紀
- ● 発行所 ───── 株式会社 西東社（せいとうしゃ）
　　　　　　　　〒113-0034 東京都文京区湯島2-3-13
　　　　　　　　https://www.seitosha.co.jp/
　　　　　　　　電話　03-5800-3120（代）

本書の内容の一部あるいは全部を無断でコピー、データファイル化することは、法律で認められた場合をのぞき、著作者及び出版社の権利を侵害することになります。
第三者による電子データ化、電子書籍化はいかなる場合も認められておりません。
落丁・乱丁本は、小社「営業」宛にご送付ください。送料小社負担にて、お取替えいたします。
ISBN978-4-7916-2412-6